本书系浙江省传播与文化产业研究中心省社科规划课题“基于学科范式的新媒体理论建构研究”
（课题编号：15JDCB03YB）结项成果

李新祥 著

抖音全效运营手册

营销、引流与变现方法

抖音，互联网新一代流量入口

新视听时代，玩不转抖音你就出局啦！

错过微博和微信，千万不能再错过抖音！

- 把脉用户痛点
- 打造爆款内容
- 收获千万粉丝
- 利用抖音引流
- 轻松完成变现

企业管理出版社
EMPH ENTERPRISE MANAGEMENT PUBLISHING HOUSE

图书在版编目（CIP）数据

抖音全效运营手册：营销、引流与变现方法 / 李新祥著．—北京：企业管理出版社，2019.11

ISBN 978-7-5164-2039-3

Ⅰ. ①抖…　Ⅱ. ①李…　Ⅲ. ①网络营销　Ⅳ. ① F713.365.2

中国版本图书馆 CIP 数据核字（2019）第 227673 号

书　　名：抖音全效运营手册：营销、引流与变现方法
作　　者：李新祥
责任编辑：侯春霞
书　　号：ISBN 978-7-5164-2039-3
出版发行：企业管理出版社
地　　址：北京市海淀区紫竹院南路 17 号　　邮编：100048
网　　址：http://www.emph.cn
电　　话：发行部（010）68701816　　编辑部（010）68420309
电子信箱：zhaoxq13@163.com
印　　刷：三河市聚河金源印刷有限公司
经　　销：新华书店
规　　格：170 毫米 × 240 毫米　16 开本　11.25 印张　134 千字
版　　次：2019 年 12 月第 1 版　2019 年 12 月第 1 次印刷
定　　价：48.00 元

序言：

抖音，一个前所未有的机遇

在未来，每个人都能出名15分钟，每个人都可能在15分钟内出名。

——波普艺术家安迪·沃霍尔

20世纪70年代，波普艺术家安迪·沃霍尔做出了两个“15分钟定律”的预言。然而到了今天，在直播与短视频兴起的新视听时代，一个人的出名，可能仅仅需要15秒。这是最好的时代，人人都能出名的时代。

短短的15秒，可以使一个人成为全民瞩目的网红，可以使一只小猫或小狗成为人人宠溺的明星，可以使一座城市或一个地方成为热门的打卡景点，可以使一段不起眼的音乐风靡一时。抖音，一时间捧红了太多的人和物。

如今，在家里、办公室里、交通工具上，甚至厕所里，刷抖音的人无处不在。或许对于普通用户来说，看到的只是抖音的火爆，是视频的好玩，是无聊时的一种解闷手段，是达人向粉丝展现自我的一种方式。可是对于我们这些从事商业活动的人来说，应该看到的是它的商业价值，看到一次前所未有的大机遇。

自2016年以来，抖音、快手、火山、西瓜、美拍、微视……各种短视频 App 层出不穷，短视频成为新的流量风口。尤其是到了 2018 年的下半年，抖音进一步爆发，成为各种短视频中的“领头羊”，其母公司字节跳动科技有限公司也身价大涨。目前，短视频已经深度渗透到人们的生活，人们观看短视频已经呈现“全场景化”特征。

我们经常听互联网界的人士说，人在哪里，流量就在哪里；流量在哪里，钱就在哪里。这话虽然听起来有点俗，但是不无道理。眼看抖音用户和日活量的暴增，很多商家、媒体、红人纷纷转战到了这里。免费的流量池、平民崛起的机会、品牌或企业的宣传窗口、强大的销售能力，都是人们关注抖音的重要原因。

因此，现在的抖音已经不仅是素人们展现自我、一夜成名的舞台，也是商家、媒体、红人疯狂争夺的阵地。

例如，古阿新淘宝店通过抖音宣传、直播、购物车等方式，2018 年“双 12”完成了涨粉、卖货大丰收。仅“双 12”当天，抖音平台促成订单数超 120 万个，Top50 账号成交额超 1 亿元。小米公司在抖音快闪店开展线上营销，使红米 Note 7 首批几十万台备货在开卖 8 分钟 36 秒就销售告罄。央视新闻、人民网、新华社等各种媒体，都把抖音当作宣传窗口，粉丝数少则几百万，多则千万级别。

目前，抖音已经过了凭借才艺走红、颜值即正义的阶段，随着抖音平台的进一步发展，以后的内容会越来越垂直，逐渐深入社会各行各业。通过垂直交叉、合纵连横，抖音将渐渐从一个好玩有趣的平台，变成一个有用有价值的平台，这就意味着我们可以在上面交朋友，可以在上面学知识，甚至可以了解政策方针。

抖音官方平台早已开始了商业化的布局，尤其是 2019 年，在营销广告、直播、快闪店、购物车、抖店、小程序等方面，为商家提供了更好更便捷的服务。

所以，各商家、达人一定要掌握抖音运营的方法和规则，在各自的营地里分到属于自己的一杯羹。

抖音的火爆自然引起了人们褒贬不一的评价，甚至有人称“抖音上瘾，堪比 21 世纪鸦片”。可也有人觉得它像前几年的微信，创造了新的流量入口，是当下的重要风口。

作为多年的网络与新媒体观察者、研究者、教育者、实践者，笔者希望大家能够在纷扰的世界中静下来，读一读这本关于抖音运营的书，相信各位可以从中得到一些灵感和启发。

目 录

Chapter 1

新视听时代，抖音成为互联网新风口

抖音，爆发性流量池和营销洼地

随着智能手机和移动互联网的进一步发展，在内容方面，各大平台和用户越来越追求短、平、快。自 2016 年起，微博各项收入增速骤减，微信公众号打开率降低，用户已经不满足于枯燥单一的图文形式。在这种情况下，短视频以其直观、立体、生动的强传播优势，成为新的流量入口。

2019 年，才出现短短三年多的抖音，成为众多短视频产品中的黑马。抖音官方发布的数据显示，截至 2019 年初，抖音国内日活跃用户突破 2.5 亿，月活跃用户超过 5 亿。抖音总裁张楠在 2019 年巨量引擎大会上宣布，2017—2018 年，抖音全球日下载量排名第一，Tiktok（抖音国际版）在多个国家的 App Store 和 Google Play 上双榜登顶。根据我们的测算，抖音短视频日活跃用户已经突破 3 亿。

无疑，在这场抢占短视频风口的大战中，抖音已经远超快手、西瓜、微视、火山小视频等，成为其中的“领头羊”。排除其他因素，对用户理解深入和内容创意较强，是抖音能走在前列的重要原因。

经研究，抖音在使用体验、创作者引入、平台影响力方面没有明显的短板，而在贴合用户心理和内容引人入胜方面相对其他 App 又比较突出，因此能迅速超越同类 App，被用户们追捧。抖音上注册的用户越多，自然商家、媒体、机构、名人会争相入驻抢占流量。下面我们就来看一看为什么要做抖音。

1. 做抖音是一种流量趋势

互联网营销的实现归根结底依靠的还是流量，任何品牌营销和商业变现的成功都离不开流量的支持，没有流量的营销最终都是无用功。

目前，国内“两微一抖”的格局已经形成，微博、微信的格局已定，新用户已不能实现飞跃增长，而抖音短视频作为一种新的、更直观有效的方式，成为新的流量入口。为了争夺流量，无论是机构还是商家，素人还是大咖，抖音已成为流量的必争之地。

2. 在抖音上做营销的成本较低

企业或品牌用来做营销和变现的渠道，无非是电视、广播、线下广告等传统手段，以及百度、微博、微信等互联网平台。但是目前来看，电视、广播、线下广告和百度竞价费用高昂，一般的中小企业根本无力承担。而微博、微信目前的流量也趋于饱和，利用其获客和引流的成本简直又难又高。相对而言，目前抖音正处于新用户倍增的阶段，而且它独特的算法和推荐机制，使用户更容易获取新的流量，同时营销的成本也更低。

3. 抖音短视频的内容价值能更好地提升品牌影响力，实现商业变现

相比微博、微信以图文为主的展现形式，短视频的形式更有利于品牌和产品的展现与传播，能让用户迅速对品牌或产品形成认知。抖音平台强大的平台规则和推荐机制能使一个视频轻松获得百万以上甚至千万以上的播放量，给品牌带来强大的曝光量，这是其他平台不能比的。另外，商家在巨大的抖音流量池里，用自己的内容吸引粉丝，能获得精准用户，从而使变现更容易。

抖音不仅为大家提供了展现自我、分享美好的机会，更成为众多素人一夜成名的舞台，各行各业的商家要顺应潮流，利用抖音宣传品牌和产品，以提高产品销量和企业知名度。因此，趁抖音还处在成长时期，无论是素人还是商家，应尽快入驻抖音抢占流量入口，实现自身的价值。

抖音基本生态，得年轻人者得天下

抖音于 2016 年 9 月上线，直到 2017 年 10 月独家赞助《中国有嘻哈》后才真正火起来；2018 年春节期间，抖音向多位流量大咖抛出橄榄枝，引其入驻；之后因为“海底捞吃法”等多个热点话题的发酵，抖音引来大批用户注册；2019 年春节，抖音赞助春晚，成为春晚独家社交媒体传播合作平台，无论在知名度还是用户量上又获得了巨大的提升。

那抖音到底是一个什么样的平台？在用户、内容和运营方面又有什么样的特点？要想在抖音上占有一席之地，就要对其有一个全面的研究和认知。

1. 用户画像：90 后的天下，女性用户高于男性

抖音是一款专注于年轻人的短视频 App，无论是内容生产者还是视频观看者，主要群体还是年轻人。同时，抖音女性用户要高于男性用户，尤其是头部内容生产者主要集中于 21 ~ 25 岁的年轻女性。但是随着抖音的不断发展，男性用户占比增加，且向 26 岁以上的人群扩展。

抖音发展初期主要集中在一、二线城市，目前城市用户也在下沉，三、四、五线城市乃至广大农村成为用户增长的主要来源。

2. 头部内容：优质内容辐射范围广，头部生产者覆盖粉丝总量大

海马云大数据公布的《2018 年抖音数据研究报告》显示，抖音平台上占比 2.7% 的头部视频占据了整个平台 80% 以上的用户关注和参与；而占比 4.7% 的头部用户，占有平台粉丝总量的 97.7%。从这点来看，产出优质内容才是在抖音立足的根本。抖音头部内容类型分布如表 1-1 所示。

表 1-1　抖音头部内容类型分布

类型	名人明星类	网红、成熟 KOL（关键意见领袖）	纯素人类	品牌机构类
代表	迪丽热巴	papi 酱	代古拉 k	小米
占比 / %	12.6	34.3	49.1	3.7
涵盖品类	演员 歌手 偶像 主持人 综艺选手 ……	网络红人 主播 自媒体 ……	萌宠类纯素人 高颜值类纯素人 萌娃类纯素人 音乐类纯素人 ……	企业品牌 小微商家 工作室 政务机构 民间组织 ……

资料来源：海马云大数据公布的《2018 年抖音数据研究报告》。

3. 内容标签：娱乐至上，美好、有趣、猎奇、实用的主题更受欢迎

抖音的口号就是记录美好生活，在抖音发布的内容产品中，生活中常见、接地气的美好事物，如高颜值、萌娃萌宠、美食美景、美好的生活片段容易让人的情绪受到感染，引发共鸣；充满娱乐趣味的视频内容，如搞笑类、套路类的视频，具备惊喜、冲突、反转等元素，容易博人眼球，往往让人笑声不断，容易上瘾；而炫技类和创意类的内容满足了人们的好奇心，带来感官的刺激和新奇享受；专业教程、生活小技巧通常简单有效、容易上手，满足了人们的求知欲。

4. 潜力人群：素人在抖音上更易走红，用户在抖音上更易发家

在抖音上，纯素人占据头部内容生产者总人数的 49.1%。他们靠才华、搞怪或颜值吸引了大量粉丝，像舞王“代古拉 k”、技术流“黑脸 V”，都是在抖音上靠自己的作品走红的纯素人。只要生产的视频内容被大家喜欢，纯素人也能在一夜间爆红，成为抖音红人。相比微博，用户在抖音上的创作积极性更高，成名更快捷。

5. 激发创作：用户参与创作热情高

据统计，在抖音上有 16.2% 的作品来自话题挑战，“嘿，一起去旅行吧！”“你笑起来真好看”等花样百出的挑战，使用户创作欲大增。另外，抖音上 9.4% 的作品的 BGM（背景音乐）来自原创，抖音不仅捧红了一些小众歌曲，还让一些原创歌曲，如《爱的就是你》《学猫叫》《海草舞》等风靡网络。

6. 活跃高峰：集中于午高峰、晚高峰、夜高峰三个时间段

从抖音官方平台发布的《2018 抖音数据报告》来看，抖音的活跃高峰分布在三个时间段，分别是：午高峰 12—13 点，晚高峰 18—19 点，夜高峰 21—22 点。进行视频创作的人可以根据这个时间段合理安排抖音作品的发布时间。

7. 普遍问题：内容雷同、低俗，用户在上瘾的同时易产生审美疲劳

抖音内容的低门槛、易模仿、高用户参与度，一开始为它带来了大批用户，但是抖音中一个梗不停地玩，致使很多内容雷同，而且很多内容来自搬运，只不过是换了一个平台或一种表达形式，原创性较差。另外，抖音内容简单易懂、平民化，满足了人们基本的感官需求，但在内容上也存在低俗问题。

抖音引以为豪的强大算法确实在初期容易让人们上瘾，但是如果长期推荐的都是同类内容，就会让用户产生审美疲劳，从而放弃关注或退出抖音。

抖音算法揭秘，百万粉丝不是难题

我们经常感叹，抖音好像知道我们喜欢看什么视频，能自动为我们推荐我们感兴趣的内容，以至于让我们深度“中毒”，甚至“上瘾”。在微博和微信公众号上，如果我们拥有的粉丝量少，发布的内容自然点击率就低，而抖音却不同，即使我们一开始没有粉丝，但是如果发布的内容质量够好，符合抖音的推荐算法，就很容易获得上万甚至上百万的播放量。可见，抖音的魅力在于它强大的算法以及流量分配机制。

那到底什么是算法？抖音的算法为什么如此强大？

1. 算法的概念

简单来说，算法是一套评判机制。这套机制对平台上的所有用户都有效，不管是内容生产者还是内容消费者。用户在平台上所做的每一个行为就像是一个个指令，平台根据这些指令来判断每个用户的性质，并将这些用户划分成不同的等级，如优质用户、沉默用户、流失用户和可挽回用户等。

此外，算法还会判断用户是否存在违规操作，是否为营销号，如果存在这样的可能，就会将账号关进小黑屋；反之，如果是优质用户，则平台会给予一定的支持。

2. 算法的作用

对平台来说，算法最大的作用在于管理平台用户数据，根据用户的反馈行为进一步完善平台功能，提高用户体验，从而为平台吸引、留住更多用户，形成良好的生态循环。

对内容生产者来说，既然是在人家的平台上吸引粉丝，那就要明白平台的运行规则。只有掌握了平台的推荐机制，内容生产者才能设计自己的行为，引导平台认定自己为优质用户，从而获得更多的精准流量和更高的权限。

对于内容消费者来说，你是否发现抖音比你还了解自己？假如你浏览某类内容多了，再次打开抖音时就会收到很多同类内容，这也是人们刷抖音会上瘾的原因之一。因为平台为了留住你，会根据你的行为来判断你的兴趣爱好，为你打上某种标签，从而将同类标签的内容生产者生产的内容匹配给你。

一句话，推荐算法的本质在于匹配，一方面为内容消费者匹配到更多感兴趣的内容，另一方面为内容生产者匹配到更多精准的用户。

因此，想在抖音上引流首先就要明白这个平台的算法，而不是不管不顾只想引流，那样只会被判定为营销号，遭到封杀。

3. 审核

抖音是一个开放的、去中心化的平台，这就意味着平台上的任何一个用户，只要生产的内容够好，都有可能成为百万甚至千万大号。即使在一开始没有一点流量，只要能生产出优质的内容，就会吸引越来越多的关注。从这点来看，抖音真正实现了以内容为王。

用户在发布视频时，平台会先做一次内容审核，主要审核作品是否存在违规行为。例如，广告、带水印或 LOGO、内容血腥不雅都是平台禁止的，如果存在违规，视频会被驳回或被限流（内容只自己可见）。如果不存在违规现象，平台就会让内容通过，使之正式出现在抖音用户面前。

4. 智能分发

对于新发布的视频，平台会根据账号的权重分配一定的初始推荐流量，优先发给关注账号的粉丝和附近的人，然后根据用户标签和内容标签进行匹配与智能分发。

5. 叠加推荐

新发布的视频通过智能分发得到了一些初始流量后，平台会依据初始流量的反馈来判定视频内容的受欢迎程度。如果内容反馈良好，平台就会把视频推荐给更多的用户，否则就不会再分配流量。

反馈要从四个方面评判：①播放量（完播率）；②点赞量；③评论量；④转发量。

第一次推荐：根据账号权重的大小分配 200 ~ 500 的流量。如果视频反馈良好（点赞率 10%、完播率 60% 等），就会被平台认定为内容较受欢迎，并给予第二次推荐。

第二次推荐：为账号分配 1000 ~ 5000 的流量。如果反馈良好，就给予更多的流量推荐，即第三次推荐上万甚至几十万的流量，依此类推。如果仍然反馈良好，平台就会根据算法结合人工审核的机制，来判定内容是不是能上热门。

一般情况下，作品在发布 1 小时以内，如果能达到播放量高于 5000 次，点赞数多于 100 个，评论数多于 10 条，就会有更多的推荐。

另外，很多人都有疑问：自己之前的视频并没有被太多人关注，后来因为发了一条比较火的视频，为什么其他视频也跟着火了起来？

这就是所谓的“抖音会挖坟”，“挖坟”的意思是，即使你之前发布的视频不受欢迎，但是突然有一条火了，平台就会判定你的视频受到用户喜欢，从而给你更多的流量推荐。这样喜欢你的视频的人就会去主页点开其他视频观看，其他视频被观看的越多，平台就认为你其他的视频也受到用户喜欢，所以就会推荐你之前的视频。

当然，即使你以前的视频很受欢迎，流量很大，但是只要有一条存在违规行为，就可能受到降权处置，被限流或被封号。

6. 流量池

抖音的流量池也分等级，有低级流量池、中级流量池和高级流量池。账号的权重不同，被分配到的流量池就不同，获得的曝光量也就不一样。

决定流量池等级的关键在于内容的受欢迎程度，具体来说是由播放量（完播率）、点赞量、评论量、转发量各项参数决定的。同时，这也是影响一个账号是否能做成的直接原因。具体来说：

一周持续发布作品播放量小于 100 次——低级号或废号，平台少给推荐。

一周持续发布作品播放量在 300 次左右——最低权重号，低级流量池；若一个月不突破 300 次左右，一样被当作僵尸号。

播放量持续上千——待上热门账号，只要稍蹭热点，就能上热门。

从这些方面来看，如果账号的流量一直平平常常，那就最好放弃，重新申请新号来做。

总之，只有弄明白抖音的算法机制，我们才能有意识地引导抖音判定我们为优质用户，获得优质标签，从而获得更高的权重和流量。

下面我们来看一下抖音流量推荐机制的逻辑（见图 1–1）。

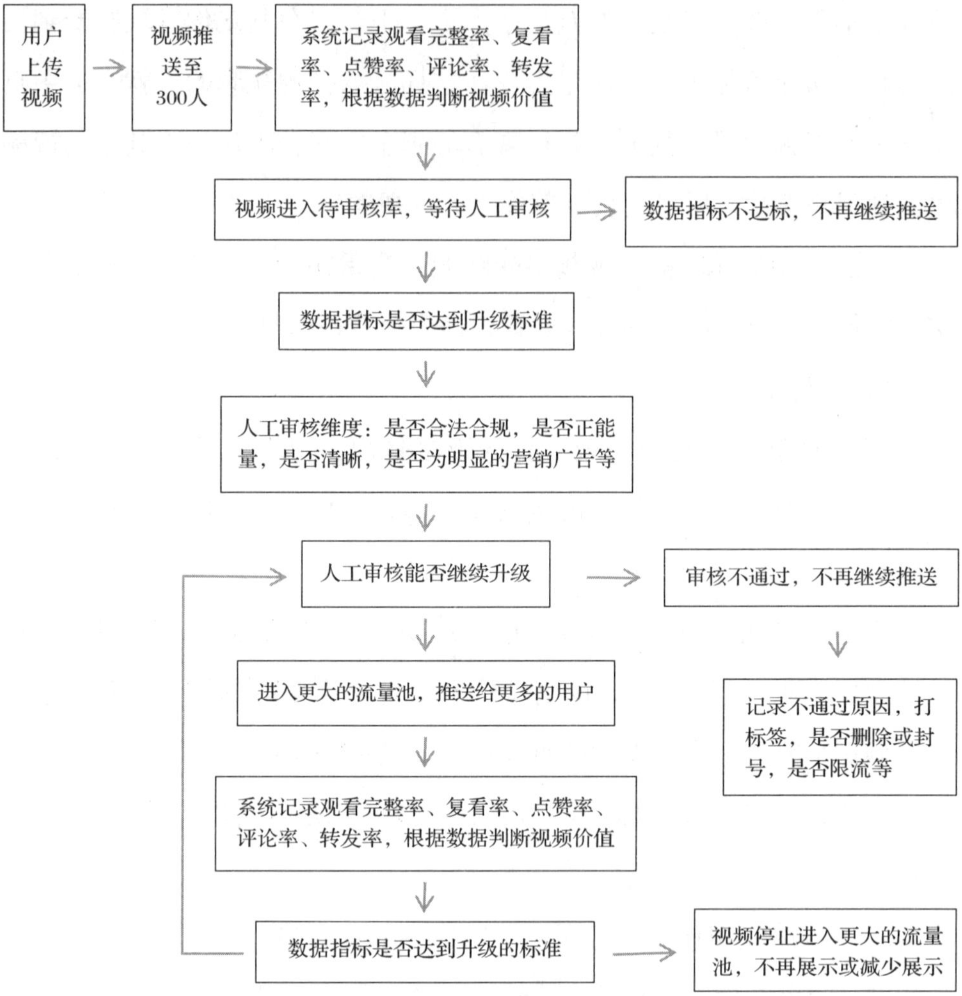

图 1-1 抖音流量推荐机制

三个阶段，不同的策略目标

我们在涉足抖音时，首先，要懂行业，了解抖音的行业风向，不去碰那些不容易火的视频和禁忌内容；其次，要懂用户、懂内容，知道平台和用户的兴奋点在哪里、如何生产出好的视频；再次，我们要懂引流，知道如何最大化地利用好抖音的流量；最后，我们还要从整体上把握一个节奏，确定每个阶段不同的侧重点，这样就能抓住每个阶段的主要矛盾。一般情况下，我们将抖音的运营工作分为三个阶段，下面来详细介绍。

1. 第一阶段（1～3个月）：爆款涨粉阶段

需要指出的是，虽然说涨粉是这一阶段的核心任务，但要完成这一任务，必须加强策划，梳理关于账号的方方面面，尽量考虑周全一些。以一家公司做抖音企业账号为例，需要诊断以下12项内容及指标，如表1-2所示。

表1-2 做抖音企业账号前的12项诊断内容及指标

步骤	诊断内容	诊断指标	与企业相关度
1	账号意义	是否要做、价值如何	高
2	市场情况	头部账号优劣势、同行账号优劣势	高
3	观众反馈	点赞最多的评论、出现频次最多的评论	中高
4	企业/品牌	是否适合做抖音、如何切入	高
5	账号定位	风格、内容、IP/软IP	极高
6	固定元素	开场白、BGM、拍摄手法、场景等	中
7	团队架构	几个人、怎么做、做什么、怎么考核指标	中高
8	是否外包	外包团队如何挑选	中
9	投放预算	是否有预算、如何投放、投放指标	中高
10	用户沉淀	沉淀渠道、管理方式	高
11	账户目标	做曝光，还是要盈利	中高
12	可用资源	自媒体资源、合作资源、异业资源、KOL资源	中

这个阶段的主要任务就是为账号带来越来越多的粉丝。首先根据抖音账号的定位，制作并发布相应的内容，然后根据发布的结果和数据研

究粉丝的喜好，归纳优质视频的特点并持续创新。这个阶段的核心目标是，做出第一个超级火爆的视频。具体步骤如下：

（1）定位导向。依据定位持续制作并发布视频内容。

（2）研究数据。统计分析涨粉最多的视频类型。

（3）研究粉丝。分析关注用户和评论用户的基本特点。

（4）强化最优。持续发布与之前数据最好的视频类似的内容。

（5）适度创新。偶尔发布与之前内容风格不同的作品。

对企业运营抖音而言，第一阶段需要把握好以下六个方面：

（1）注意品牌口碑。对于企业账号来说，注重口碑尤为重要，其中做得比较好的有每日优鲜，其利用矩阵号的方式，特意打造统一化的风格，十分有利于品牌的口碑营销。

（2）培养用户习惯。账号要定时更新，突出特色，甚至可以有一些特有的口头禅，增加用户的黏性。

（3）及时把握热点动态。既然要做抖音账号，就要及时掌握抖音上的热点，如抖音上的爆款音乐、爆款运镜、爆款套路、爆款单品、爆款台词。

（4）找到精准的切入点。账号要根据自己的定位恰当地与热点结合，并找准粉丝们的需求和痛点，引起他们的共鸣。

（5）利用“矩阵＋联动”的方式。所谓“人多力量大”“众人拾柴火焰高”，同样适用于抖音运营，尤其是对于一个品牌的运营，可以利用“矩阵＋联动”的方式来增加力量，如新东方、美团、每日优鲜都是如此。

（6）拥有正确的价值观。上述五个方面决定企业抖音号能不能做下去、能不能做火。但是，即使做火了一个账号，如果没有正确的价值观，也会使前面的努力付之东流，走上被封号的危险之路。

2. 第二阶段：强化人格，寻找稳定爆款

这个阶段是在第一个阶段基本摸索出粉丝喜好、某些爆款视频特点的基础之上，进一步强化账号的人格化特征，持续输出爆款内容，这个阶段的核心目标是找出某种持续稳定的爆款视频类型。具体步骤如下：

（1）乘胜追击。根据出现的爆款视频，发布类似或系列的内容。

（2）强化互动。与首批粉丝积极互动，争取留住粉丝。

（3）粉丝画像。依据粉丝的评论和账号信息，进一步了解粉丝。

（4）强化人设。账号主角人设多与粉丝沟通交流。

（5）稳定输出。持续输出某类爆款视频，稳定更新。

在抖音账号运营比较稳定之后，还要进一步考虑如何做好用户沉淀。目前，我们常用的方式有以下三种：

（1）利用头条号。因为抖音和头条号同属于一个公司，算法比较统一，甚至还有红利，所以抖音账号运营者可以利用头条号直接导流。

（2）利用淘宝。目前，在商品推广方面，抖音支持的跳转链接主要还是淘宝店，因此做电商的商家可以好好利用这一功能。

（3）利用微博。后起之秀抖音的爆发，也给微博带来巨大的流量。例如，因为在抖音上的走红，“会说话的刘二豆”的微博粉丝量从2000跃至百万。

3. 第三阶段：以人物为核心的精细化运营

这个阶段账号的运营基本已经成熟，只要坚持打造爆款，注重细节和创新，就可以在此基础上寻找适合自己的变现之路。具体步骤如下：

（1）人物中心。确定视频的核心主角，不能轻易改变。

（2）全面宣传。积极全面展示人物的各种特征和属性。

（3）多元互动。强化关系链，与稳定粉丝群积极互动。

（4）电商试水。适当推荐与账号定位相符的产品，观察粉丝们的反应。

（5）全面变现。尝试多种方式的变现，全面收割。

抖音运营者只有抓住每个阶段的主要任务，才能保证账号健康成长，切不可心急，在第一阶段的涨粉任务还没完成时就急着完成最后一个阶段的变现，这样只能导致白忙活一场，最后什么都做不成。

现场答疑，做抖音前的必备知识点

无论是谁，在开始做抖音时都有一些简单的疑问：抖音只能发竖视频吗？什么时候才能开通一分钟长视频？注册抖音账号需要注意什么？下面我们就对一些常见的问题予以解答，希望对开始做抖音的人有所帮助。

1. 短视频常见的两种格式

抖音视频的两种格式为：竖屏（比例为9：16）和横屏（比例为16：9）。随着手机短视频时代的来临，自然也开启了竖屏浏览时代，现在很多网站如爱奇艺等，也都在布局竖屏视频。相对来说，在抖音或其他短视频 App 上，发布竖屏的视频效果比较好。

据统计，抖音中竖屏内容已经达到 79% 以上，而且竖屏内容的播放量比横屏高了 21.51%，竖屏广告的播放完成率较横屏提升了 9 倍。这是因为用户 94% 的使用时间处于竖屏，52% 的手机用户锁定竖屏。据抖音官方披露，竖屏视频信息流可以提升 9 倍播放完成率、2 倍视觉注意力；可以达到更好的广告效果，提升 1.44 倍点击效果，提升 41% 的互动效果。

2. 如何开通一分钟长视频权限

要开通一分钟长视频权限，原先要求粉丝数超过 1000 个，现在只要升级至最新版本，在 App 中点击首页下方的“+”号，就能看到视频拍摄模式可以切换到“拍 60 秒”，这样就能拍一分钟的视频了。

3. 如何获得直播权限

要获得直播权限，需要抖音平台主动邀请。通常粉丝量达到几千或上万不等，就会收到平台的邀请通知。当然，还有一种开通直播权限的捷径，那就是通过申请加入直播公会，获得直播权限。

4. 如何开通电商橱窗功能

要开通电商橱窗功能，需同时满足以下条件：①粉丝数量超过 3000 个；②视频作品超过 10 个；③实名认证。

5. DOU+ 是什么

DOU+ 是抖音官方推出的广告投放平台，相当于内容加热工具，利用 DOU+ 可以把内容推荐给更多的潜在用户。

6. 前期做视频的注意事项

（1）如果开始发布的前 5 个视频表现平平，基本就会被平台认定为僵尸号，后面再发的视频也不会得到好的推荐。

（2）不要刷粉、刷赞、刷量，不然后果很严重。做抖音短视频一定不要触犯抖音的规则，尤其是拥有一定粉丝数的大号，哪怕触碰了一点违禁内容，账号都可能被关小黑屋或被封，像之前红极一时的“温婉”就是触碰了抖音的底线，迅速凉了下来。

远离做抖音的误区，你也能做爆款

许多才入门做抖音的人常常存在一些误区，我们现在就针对这些误区一一讲解。

误区一：抖音上的内容无外乎是将其他平台上的视频剪辑、搬运而来的

有人认为："别人在抖音上搬运的内容都能火，为什么我弄的就不行？！"

其实，随着抖音的进一步发展，用户对内容的要求越来越高，早期靠简单搬运走红的模式已经难以为继。另外，很多看似从其他平台搬运而来的内容，实际上别人已经根据自身的特点进行了加工和再创作。所以，纯粹的搬运内容在抖音上并不一定会火。一位资深的抖音运营者向我们透露：

（1）从其他平台搬运、剪辑的视频，所用的精力未必比直接在抖音上创作少。

（2）从其他平台搬运而来的横屏内容，在抖音上进行播放都会存在一定的折损，因此最好用竖屏视频。

误区二：抖音用户与微博、微信用户重合度高，需求一致

很多早期在抖音上大红大紫的用户，也是在微博、微信有一定知名度的人，因此有人就认为，其实他们的用户群体并没有改变，改变的只不过是平台。

其实这种想法未必正确。在前面我们提到抖音用户画像基本上是以年轻人为主，他们追求新鲜，更愿意展现自我，喜欢刺激多变，在时间上也更碎片化，这就需要我们在运营抖音时迎合这类群体的需求。另外，在微博、微信上有名的用户未必在抖音上一样受欢迎，如在微博上红起来的“回忆专用小马甲”，在抖音上运营了一段时间还是不温不火。

误区三：在抖音上视频发第二遍会火，爆款视频靠多发

在抖音上我们经常看到标题为“发第二遍会不会火呢？”的视频，其实抖音作为一个以算法驱动的平台，它的推荐机制与其他平台有很大的不同，因此在内容生产和运营上要有很强的目的性，并具备人格化的标签。一个视频火不火绝对不在于发布遍数的多少，即使有一些视频发第二遍后火了，也是依靠其他因素，如精彩的评论和文案。

误区四：视频拍不好，是因为设备不够专业

很多视频拍不好的人会感叹：“我们的设备不好，拍出来的视频没人看！”其实对于抖音平台上只有短短十几秒或几十秒的视频来说，用户对视频的质量要求并没有特别高，只要内容够吸引人，就能被用户喜欢和传播。为了提高用户体验，固然用专业的设备能提高视频质量，但是做抖音的人要时刻明白“内容为王”，优质的内容才是吸引粉丝的根本。

想做抖音的人一定要远离这些误区，摆正自己的心态，熟悉抖音平台的运营规则，这样才能早日做成受用户喜欢的大号。

Chapter 2

做好准备，打造超强抖音号

不同的账号主体有不同的定位

玩过一段时间抖音之后就会发现，我们所观看视频背后的主体可能是一夜爆红的素人，可能是在其他平台上已有知名度的大V，可能是想以抖音为宣传窗口的企业或品牌，也可能是经常为大众输出爆款内容的媒体……

不管视频内容是什么，其背后主体的身份决定了抖音账号的定位。例如，若主体是一个想一夜爆红的素人，那就要结合自己的擅长点，持续发布有爆款特点的视频；若主体是想宣传品牌的企业，那就要在有趣的内容里尽量融入产品信息；若主体是政务单位，那发布的视频就要与所做的政务相关，与日常宣传的基调保持一致。

根据不同的主体，抖音账号的类型主要分为以下几类。

个人号——达人孵化

由于抖音的推荐机制，即使是没有粉丝的账号，只要内容够好，就很容易一炮而红。在抖音上，一夜走红的素人不在少数，而这些人基本上都是从个人号做起的，如“黑脸V”、费启鸣、“代古拉k”等都是由素人做到大 V 的个人号（见表 2-1）。

表 2-1　具有代表性的纯素人类账号

账号	类型
黑脸 V	创意
费启鸣	颜值
代古拉 k	才艺
高火火	才艺
刘宇	颜值
吴佳煜	搞怪
斯外戈	搞怪
严谨	颜值
彭十六 elf	颜值
狗达	搞怪

头部素人在内容创作上集中在才华、搞怪和高颜值方面，有着非常强烈的 IP 形象。例如，技术流大咖“黑脸 V”靠创意玄幻的视频，吸引了 2000 多万的粉丝，获得了超高点赞；奶油小生费启鸣凭借自己的高颜值和温柔治愈，吸引了一大批女粉丝；“代古拉 k”利用甜美可爱的形象和动力十足的舞蹈，在抖音上迅速走红；“斯外戈”利用独具标识性的表情和搞笑动作，获得了千万粉丝，成为互动率超高的网红。典型个人号分析如表 2-2 所示。

表 2-2　典型个人号分析

账号	标签	热门视频关键词	形象价值点
黑脸 V	才华炉火纯青的神秘男子	创意、炫酷、正能量	正面评价比例高，无负面影响；吸粉能力强，黏性高；神秘、温暖、有才华
费启鸣	宛如初恋的大男孩	颜值、软萌、可爱	正面评价比例较高；吸粉能力较强；可爱帅气、温柔治愈
代古拉 k	治愈系元气少女	颜值、舞蹈、笑容	正面评价比例较高；吸粉能力较强；笑容、活力、甜美可爱

我们在前面提到过，相比微博和微信平台，素人在抖音上更容易走红。因此，如果自己在颜值或者才艺方面有比较突出的特色，那么就可以利用抖音尽情展现自我。

企业号——品牌宣传

目前，随着抖音的影响力越来越大，企业和品牌都纷纷入驻抖音，如小米、劳士顿表、美团、马蜂窝都在抖音上拥有大批粉丝，使自己的产品获得了极大的曝光。同时，抖音也在不断加速商业化进程，购物车、快闪店、抖店的开通为企业带来了更多变现的可能。

在抖音企业官方账号中，支付宝和小米将营销玩得风生水起。

支付宝通过马云、明星、网红等热点人物的现场活动视频来吸引人们的关注，并通过讲段子的形式包装支付宝功能，通过情景剧介绍支付宝的用处，春节期间又发起了“支付宝全球锦鲤”活动，都取得了很不错的宣传效果。

小米则是利用雷军、吴亦凡、王源等代言人推广小米系列产品，这些视频都获得了很高的点赞量。除此之外，一些日常情景剧形式的视频也非常有趣，如在办公室低调装酷，将手机直接准确扔到充电盘上的视频获得了几十万的点赞。2019 年 2 月 22 日至 3 月 6 日，小米在抖音上发起了一场名为“百万寻找战斗天使”的挑战赛，雷军和王源作为联合发起人，寻找“好看又能打”的战斗天使，吸引了 9.5 万人参与挑战，总播放量达到了 19.3 亿。

另外，抖音为了吸引更多的企业入驻，开通了蓝 V 认证功能，这样，企业或品牌就可以将抖音作为自我宣传的窗口，增加曝光率和知名度。

媒体号——融媒体的新路径

随着抖音的强势发展，很多媒体纷纷入驻抖音平台，人民日报、浙江卫视成为重量级的大号代表，一些自媒体如年糕妈妈等也在上面积累了几百万的粉丝。这些媒体账号都用生动和接地气的形式记录与传达了社会中的正能量和美好。

从 2019 年 1 月 29 日抖音官方公布的《2018 抖音数据报告》来看，截至 2018 年 12 月，抖音上有媒体号 1344 个，发布超过 15.2 万个短视频，累计获赞超过 26 亿。报告称："抖音已成为主流媒体信息传播的重要渠道，也为主流媒体移动化传播变革提供了丰富的实践经验和有益借鉴。"抖音媒体号累计播放量 TOP10（截至 2018 年 12 月）如表 2–3 所示。

表 2–3　抖音媒体号累计播放量 TOP10（截至 2018 年 12 月）

排序	账号
TOP1	人民日报
TOP2	浙江卫视
TOP3	人民网
TOP4	环球网
TOP5	芒果都市
TOP6	中国网直播
TOP7	湖南娱乐
TOP8	江苏卫视
TOP9	温州日报
TOP10	新青年

媒体号在抖音上有非常大的潜力，像温州日报、温州晚报都已经积累了大批粉丝。可见，哪怕是区域性的媒体，只要内容够好、有传播性，照样可以做得风生水起。我们主张在短视频时代要实现“报抖互

动”，以前报社只能做纸媒，现在也可以做视频，真正实现融媒体。

政务号——舆论宣传

从抖音官方公布的《2018抖音数据报告》来看，截至2018年12月，抖音上有政务账号5724个，发布短视频25.8万个，累计获赞43亿。其中，四平警事的粉丝超千万，中国军视网的粉丝超700万。

随着抖音获得人们的认可和喜爱，一批政府机构陆续入驻抖音，以短视频的形式传递社会正能量。与微博、微信等宣传方式不同，抖音作为一个短视频平台，为政务信息的传播提供了新方式。

2018年5月，北京特警以“北京SWAT”的账号名称入驻抖音，并发布了一条演示狙击射击、实战演习的视频，结果在短短不到12小时的时间里，就收获了7万条评论和250万个赞。随后，北京市公安局也入驻抖音，官方账号以“平安北京”命名，而且仅仅发布了一条警务处理的视频，就带来了超过1200万的播放量。像共青团中央和中国长安网（中央政法委官方新闻网站）等账号，目前的粉丝早已超过了百万。

同时，不少政务号还与抖音平台进行合作，发起挑战活动，传播社会正能量。例如，“五一”期间，共青团中央在抖音上发起了“这是你的第几个劳动节”的挑战活动，呼吁各个行业的劳动者记录下自己劳动的美好瞬间，当时有18万的用户积极参与响应。

目前，有越来越多的政务号入驻抖音，相信在短视频这种生动有趣的形式下，人们对政务号的关注也会越来越多。

抖音政务号TOP5领域如表2-4所示。

表 2-4　抖音政务号 TOP5 领域

排序	类型	占比 / %
TOP1	法院	16.6
TOP2	公安警察	11.4
TOP3	文化旅游	9.8
TOP4	交通警察	9.2
TOP5	地方发布	7.7

如果有资源和途径，也可以与这类账号进行合作。一般政务类账号没有变现要求，只做舆论宣传。目前，公安类、军事类、宣传类、文旅类、共青团类政务抖音账号已经比较普及。2019 年 5 月 25 日，贵州省网信办与字节跳动签署了抖音政务号集体入驻协议。接下来，我们预计政务类抖音号会进一步增长。

电商号——销售转化

2018 年 12 月 11 日，抖音的购物车功能正式上线，符合要求的账号可以利用短视频分享其电商平台的商品，其中涵盖商品橱窗、视频购物车、直播购物车三大功能，这就意味着红人和企业可以利用抖音平台高效变现了。

目前，淘宝的流量基本都被各类目的头部商家和权重高的商家占据，一些小商家要想提高销量，就必须花钱参加淘宝的各种推广活动。在这种情况下，抖音购物车功能的加入，为各淘宝商家带来了一条新的引流路径，因此很多店铺纷纷入驻抖音，全力打造自己的抖音号。

现在，我们在抖音上看到的电商大多以美妆、服装为主，如有一个叫“刘思思来啦”的账号，主要是通过视频来展示衣服上身后的效果，吸引了很多女粉丝。

抖音虽然支持电商，但还是设计了一些敏感词，最好不要触碰。具体如表 2-5 所示。

表 2-5 抖音电商号部分敏感词

不能出现的敏感词	可用的替换词
购买、下单	查看付款、抢购
快递、包邮	免运费
好货、货品、大牌、正品	优质、品牌、保证真品、保真
黄色按钮、淘宝链接、链接、淘宝店	购物车
福利、打折	优惠、便宜、实惠、福音、划算、特价、促销、满减

目前，随着抖音平台的发展和变现需求的增大，已经对一批优质的电商类账号加以扶持。无论是美妆、服装类产品，还是更具体细分的领域，都可以在抖音上寻找到适合自己的变现方式，其中电商号是最常见、最直接的途径。

区域号——衣食住行吃喝玩乐

一般来说，做区域类的抖音号，或者说是本地化的抖音号，相对其他类型的账号来说，更容易变现。因为对于区域类的抖音号来说，有非常多的商家（涉及餐饮、旅游、娱乐等）愿意来买单。就像曾经的本地公众号在全国也是遍地开花，只要是带上“吃、喝、玩、乐”这些关键字的，变现能力都非常不错。笔者身边有很多夫妻运营本地公众号，年入百万对他们来说并不是难事，而对于专业类的公司，年收入千万都不是问题。这些从侧面说明，这个类型的账号有非常广阔的市场。

例如，有一个“饭饭吃南京”的抖音号，就是将南京各美食店的各种招牌菜品或新品拍成诱人的视频，然后配上生动的解说，每个视频里都有店面的具体地址，粉丝看到之后想吃的都可以去打卡。虽然这种本地号可能看起来粉丝数并不是很多，但是由于只针对本地，所以相对精准，变现能力也就比较强，甚至有的粉丝会寻找视频里的每一种食物，做到每个网红店必打卡。

又如，可以做二手房交易的本地号，店员可以去“扫楼”，将房间拍成视频并配上解说，这样人们在这个区域找房子时就不用盲目搜寻，只要找到这个号，就能很快找到合适的房子。另外，还可以在账号上面留下微信号，让有需要的客户直接加微信联系。

行业号——各领域进一步垂直细分

随着抖音的进一步发展，各个领域越来越细分，一些行业号也多了起来。例如，创业领域里的“创业找崔磊”“创业者课堂”，都是做得比较出色的账号；母婴领域里有“年糕妈妈”“母婴每日观察”“育儿小百科”；培训领域里有“卓艺唱歌培训”“汽车培训刘教练”；美食领域里有“办公室小野”“野食小哥”；宠物领域里有“会说话的刘二豆”“金毛蛋黄”；游戏领域里有“蛋蛋解说”“野生脆脆”；等等。

无论处于哪个领域，这些账号都吸引了相应的粉丝。例如，宠物类账号的粉丝以女性为主，并且趋于低龄化；游戏类账号的粉丝群体主要是男性，从年龄上来说，18 ~ 24 岁的大学生群体占主流；美食类账号的粉丝往往都是女性和吃货；等等。

这些账号依靠优质的内容，逐渐成为各个领域的 KOL，无论是拍广告还是卖货，变现都不是难题。虽然在这个阶段要想成为超越它们的垂直领域号已不太容易，但是只要找到属于自己的细分领域，有一定的精准粉丝，也并不是不可以。

如果你是一个电工，只要将怎么装线、怎么接网的视频拍下来，然后用比较有意思的形式或语言解说上传，就能找到相应的粉丝群。对于大部分行业号来说，其实重在整合行业资源。假如你手头有一些漂亮的外国模特，就可以将这些模特的视频传到抖音上，然后给他们编上号。当服装公司需要找模特时，只要进入你的账号就能找到。另外，形式上可以设计得有意思一些，如可以让顾客有翻牌的感觉。

村镇号——文化 + 生活

现在，一些村镇号的发展空间比较大，可以做文化，也可以做文化 + 生活。尤其是对于组织建设比较薄弱的基层，可以将抖音作为一个载体，通过拍摄村里有趣的事情、正面的文化并发布到平台上，起到宣传村镇、加强组织建设的作用。

2018 年 7 月，抖音与河北省正定县签署了战略合作协议，决定利用短视频的形式，对正定县的历史文化、旅游资源和乡村风貌进行宣传。借助抖音平台，正定县不仅可以提高自身的知名度，还可以带动旅游和相关产业发展，振兴乡村经济。

婺源县旅发委开通抖音号后，联合各大景区和一些自媒体人，将婺源的美景、民俗风情、人文故事等发布在抖音上，引起了不小的轰动，吸引了一大批游客。另外，婺源县旅发委官方抖音号自开通以来，坚持每天更新婺源的相关视频，获得了粉丝们的喜爱和好评。

高校号——学校的窗口

2018 年 10 月 22 日，很多人被清华大学的短视频刷了屏。在视频里，“尬舞教授”邢高熙和学生、厨师、保安等在清华校园里一起跳舞，并配有如下解说词："同学们下课了！走！走出教室，走出宿舍，去参加体育锻炼，保持强健的体魄，争取为祖国健康地工作 50 年！"伴随着清华大学官方抖音号正式上线，这条视频仅用一天的时间，播放量就高达 725 万，获赞 43 万，让清华大学的官方抖音号一下子收获了 37 万的粉丝。

据观察，现在很多高校都在抖音上开通了账号，如今抖音已经成为高校重要的宣传渠道。浙江大学属于开通抖音号比较早的，在 2018 年 6 月，校方就正式在抖音上线了。没用多长时间，粉丝就突破了 50 万。截至 2019 年 8 月 15 日，浙江大学官方抖音账号粉丝已经达到 132 万。

目前，越来越多的高校开通了抖音账号，仅陕西一个地区就超过 40 家，每个学校都将自己的校风、正能量通过视频的形式生动地展现出来，很受年轻人的喜爱。当然，现在的年轻人比较注重愉悦的体验，因此高校在运营官方账号时一定要注意，尽量采用生动、活泼、接地气的形式，而不是一本正经地说套话、老话。

在高校抖音号里，值得一提的是四川西南航空职业学院，这个账号发布的作品非常符合抖音的风格，形式活泼有张力，内容健康清新，深受粉丝喜爱。截至 2019 年 8 月 15 日，该账号粉丝已经高达 258 万。

矩阵号——多号联动

在早期阶段，抖音一直力求高度掌控站内红人，直接与其签约，禁止 MCN 机构签约站内原生红人。通过一系列的运营活动，抖音捧红了吴佳煜、张欣尧等多个素人。但是随着抖音的迅猛发展，其内部的运营能力已经不足以支撑更多红人的发展，也无法持续扩大内容生产能力，而且后来陆续入驻的 MCN 逐渐向抖音证明了自己的价值，在这种情况下，抖音逐渐开放了 MCN 的认证。

MCN（Multi-Channel Network），按字面意思理解就是多频道网络的产品形态，这种模式来源于国外比较成熟的网红经济运作，是指联合 PGC（专业生产内容），依靠资本的支持，保证内容持续输出，从而实现商业的稳定变现。

我们更多地将 MCN 称为矩阵，其实在微博、微信甚至网红直播里，早就存在矩阵的形式，如“二更”之下有各个城市的矩阵号，包括“二更更苏州”“二更更南京”等。

抖音里也有很多矩阵号，尤其是一些电商矩阵号在抖音上玩得如鱼得水。例如，有一个做皮草生意的老板注册了 10 个抖音号，雇了 10 主播，分别派到东北或其他天气比较冷的地方，穿着皮草一边直播一边卖货。虽然每个小号只有几万粉丝，但是因为很垂直，转化率很高。现在物流比较方便，都可以实现一键代发，那这 10 个人就像 10 个流动的商铺，大大拓宽了销售渠道。另外，还可以与视频、直播相结合，这样销量会更多。

那么，抖音矩阵号主要有哪几种类型？

1. 家庭矩阵——“小金刚”“可爱的金刚嫂”“金刚爸”“金刚妈”

从“小金刚”的视频里，我们能看出这是一个以一家人搞笑、温情为主打的账号。由于“小金刚”本人比较搞笑，媳妇长得又漂亮，加上父母的配合，粉丝从视频里往往能获得欢乐和温情。在“小金刚”的带动下，“金刚爸”“金刚妈”“可爱的金刚嫂”三个账号也积累了不少粉丝。

2. 团队矩阵——“天天笑园”“办公室不无聊”

“天天笑园”用一个总号带动几位主演的分号，以达到分号涨粉的目的，这种方式的适用前提是总号为比较优质的账号。“办公室不无聊”是一个以职场和搞笑为主题的抖音账号，在这个账号里，“醋姐”成为粉丝们喜欢的形象，而且在这个账号的带动下，他们的另一个账号“地表最强创作小组”也获得了不错的成绩。

3. MCN 矩阵——洋葱集团

洋葱集团是一个打造红人的专业机构，“代古拉 k”“七舅脑爷”“办公室小野”“毒角 show”“爷爷等一下”等众多红人账号都是通过这个机构打造出来的。该账号总粉丝数近一亿，在这种情况下变现已不是难题。

4. 个人矩阵——“慧慧周”

“慧慧周”先是以模仿“黑脸 V”的方式发布技术流类的视频，当积累粉丝到近 250 万时，便申请了一个小号，专门讲解视频拍摄和剪辑技巧，结果小号的粉丝竟然反超大号。另外，在抖音上我们经常看到某些红人有大号和小号，因为大号涨粉到一定程度会遇到瓶颈，增粉速度会降低，一个大号从 100 万粉丝到 300 万粉丝很难，而一个小号从 0 到 100 万粉丝却相对简单。

矩阵号的好处不言而喻，除了粉丝总数多以外，还可以互动、资源共享等。目前，矩阵号的几种玩法如下：

（1）多个 IP 互动，合拍视频。

（2）在自己的关注里只保留矩阵号。

（3）在标题和评论里 @ 矩阵号。

（4）通过个性签名做引导。

（5）在直播里隔空喊话，甚至共同直播，增强冲突和话题性。

总之，MCN 要通过资源共享、内容互动，将粉丝量增加到最大。

一个企业做1个100万粉丝的账号很不容易，但是做10个10万、5万粉丝的账号还是比较容易的。

内容定位：擅长且垂直，就能出好内容

不管是在媒体平台还是电商平台，能创作出好的内容才是最重要的。目前，抖音正处于火爆发展时期，只有发布优质的内容才是账号持久立足的关键。那到底什么样的内容才会受欢迎，怎样才能使自己的账号持续被粉丝们喜爱呢？在做抖音之前，我们要从以下两个方面进行考虑。

1. 做自己擅长的内容

我们在做抖音之前，一定要弄清楚自己到底擅长什么。选择自己擅长的领域，一是更容易成功，二是遇到问题后能及时化解消极情绪，因为擅长和喜欢才能让自己坚持下去。

凡是粉丝已经达到一定程度的红人，做的都是自己擅长的领域，如"李子柒"是做天然美食的，"摩登兄弟"是做音乐的。这些人做的都是自己擅长的事，相较而言也容易出成绩，且更容易做出自己的特色。

在不知道自己擅长做什么时，可以从以下三个方面来问自己。

（1）能让你废寝忘食、全身投入的事情是什么？

（2）你做哪方面的事情受到的赞扬最多？

（3）哪些方面的技能你比别人学得快、比别人更精通？

只有先找到自己的专长，才能做出比别人优秀的内容，所有的成功都是基于自己感兴趣且擅长的领域。

2. 更垂直、更有差异

无论做什么事情，切忌跟风、什么都做，最好选一个垂直方向进行深耕。内容是流量的血液，内容越垂直，粉丝越精准。经粗略分析，抖音原创短视频的内容包括但不限于：军事、演艺、化妆、模仿、中国文化、聚会、颜值、段子、二次元、自制音乐 MV、舞蹈、游戏、萌宠、搭配、偶像、教学、纪录片、知识、影视剧同步配音、美食 DIY、炫技、生活小窍门、萌娃、亲子、各种挑战（例如，“运镜 smooth 挑战赛”）、恶搞、旅行、情感、历史、健身 / 体育 / 瑜伽 / 减肥、相亲、时尚、购物、潮流、社交、科技、创意、调侃等。

经研究发现，在抖音上越垂直、目的越明确的账号，往往更容易变现。我们在前面举例中提到的“李子柒”“摩登兄弟”就是所属垂直领域里的佼佼者。有些垂直领域虽然粉丝基数并不是很大，但是由于粉丝比较精准，反而黏性更强、变现能力更高。

另外，应尽量避开同质化内容，做出自己的特色。尽管在抖音上搬运内容也可以火，但是随着平台的不断完善和粉丝们对内容越来越严苛，具有特色和差异性的内容才会满足不断变化的粉丝需求。

例如，同样是萌宠账号，“会说话的刘二豆”是以猫为主，而“金毛蛋黄”则是以狗为主。哪怕是同样萌狗的账号，“金毛蛋黄”主要是靠金毛聪明贴心调皮的“大暖男”形象来吸引粉丝，而“赵拉斯吃二狗”却凭借主人与狗粗犷互虐的形式，赢得了众多粉丝的喜爱。另外，抖音上还有一只叫尿尿的猫，与其他猫类十分可爱的形象不同，尿尿是一只经常和主人动不动就上手的猫，被称为“抖音第一凶宠”。尿尿有趣的形象加上主人搞笑的配词，让这个后入局的账号迅速火了起来。

另外，我们发现，无论是什么样的内容，归根到底拼的是创作者的才华，宠物也好、美食也罢，关键在于背后的创作者要善于发现创意和洞察人们的心理。所以，最终还是要靠内容创作者找准自己擅长的领域并做出自己的创意。

目标和需求，知道自己想要什么

当弄清自己擅长的领域和想做哪方面的垂直内容之后，我们还应该知道自己的最终目标是什么——是为了卖产品直接变现，还是为了积攒人气成为红人，抑或只是作为一个品牌的宣传窗口。虽然有时候这几个目标可以同时追求，但是在具体的运营过程中，侧重点会有所不同。

在前面我们提到过，不同的主体会有不同的目标，如电商类账号是为了卖货，红人类账号是为了出名，媒体和政务类账号则是宣传和发声的窗口。不同的主体和目标决定了产出内容的方向和形式。那么，具体每种账号应该从哪些方面入手呢？

1. 销售产品——直接表明身份

如果做账号的主要目的是为了营销或直接卖货，那么，在定位上最好简单明了，直接表明自己的身份。例如，小米的官方账号为的就是宣传小米，所有的视频内容都是围绕小米进行的，粉丝们也能接受。目的越直接，粉丝们就越明白你的用意，变现率也就相对较高。

2. 成为网红——打造知名度

有些人入驻抖音只是为了出名，像有些靠音乐或舞蹈吸引粉丝的达人，走的就是红人路线。这种红人类账号的打造，一般就是最大化地展现自己的才艺。例如，抖音上的“M 哥”，凭借高超的翻唱才能被人们关注，一下子唱火了《雨蝶》《我的将军啊》等多首歌曲。除了发布视频内容外，“M哥”最拿手的是做直播，在直播间里，粉丝可以点自己想听的歌。就这样，“M哥”凭借自己独特的烟嗓和唱歌技术，截至2019年8月15日已在抖音上收获了3300多万的粉丝。

实用技能和知识类网红也是如此，只要将自己最专业和擅长的一面展现出来，就能获得粉丝们的关注和欣赏。

3. 宣传窗口——传播美好和正能量

对于一些媒体号、政务号和高校号，其注册抖音主要是用于对外宣传，这类账号只要发布日常工作中感人的瞬间、激发美好和正能量的内容，一般都会获得粉丝的点赞。这类账号重在引导社会舆论，所以千万不能随便传播不当的内容，一定要记得自己的立场和身份，不然会导致十分严重的后果。

做抖音的最终目的决定了运营抖音的具体路径，所以在做抖音之前一定要知道自己最想要什么、要达到什么样的目标，然后根据目标分解具体的操作步骤。无论是展现才艺，还是销售产品或传播正能量，所有的行动都要围绕最终目标进行。

摸清粉丝群体，明确粉丝需求

在定位方面，我们除了要考虑主体、目的、方向之外，还要定位好目标人群，明确粉丝的需求。只有明确粉丝的需求，才能生产出受粉丝欢迎的内容。在互联网时代，每一位内容生产者都应该具备用户思维，将用户的需求和体验放在第一位。具体可以从以下两个方面着手。

1. 做好目标人群分析：年龄、性别、地域及其他

我们在分析目标人群时，可以从年龄、性别、地域等方面入手。假如你想做一个电商类的抖音号，那就要明白购买这类商品的人群是谁，他们具备什么特征、有什么消费需求。

在分析人群特征时，我们可以利用相关的分析软件，如在飞瓜数据网页上参考同类账号的粉丝群特征。飞瓜数据不仅对各垂直领域有详细的细分，如搞笑、情感、美食、美妆等，还在每个类别里有具体的排名。

如果你想做情侣装方面的账号，就可以在里面搜索同类账号，然后对其人群特征进行分析。经研究可以发现，“阿姐家情侣装”的粉丝特征为：女性群体远超男性群体，在年龄分布上以 18 ~ 24 岁为主，在地域上广东、浙江比较靠前。针对这些人群特征，账号就可以在内容定位上有所准备。

2. 挖掘粉丝需求，解决粉丝难题

现在任何账号的运营都要洞察用户的需求，并努力解决他们的难题。例如，某个账号正是因为发现了少白头、秃顶等人群的烦恼，又找到假发不透气、染发伤身体的痛点，所以才为大家推荐简易假发。因此，无论是何种账号，都要明白你的粉丝为什么会关注你，他们想从你这里寻求什么。例如，音乐类账号可以舒缓心情、找到共鸣，搞笑视频类账号可以缓解压力，萌宠类账号能起到治愈作用，实用技能类账号可以学到技能、解决难题，而一些垂直领域类的专业知识账号则可以学到知识、增长见识。所以，各类账号的粉丝都是抱着某些目的而来的。

例如，一个名为“丁小猪的妈妈”的账号，就是在发现了孩子们不好好吃早餐，家长苦于不知道早餐做什么的情况下开通的，账号的每一

个视频里都是颜色鲜亮、看起来颇有食欲的儿童早餐。“丁小猪的妈妈”是一位单亲妈妈，美丽、自强、会做美食是她给大家留下的印象。一开始，她只是上传儿子享用一桌丰盛早餐的视频，后来应广大粉丝要求，开始将制作美食的过程传授给大家。而且她还时不时上传一些与儿子温情互动的内容，很受粉丝们的喜欢，账号涨粉的速度非常快。

研究竞品、关注同行，就能比对方强

我们在做抖音号之前，一定要研究同类型账号，看看它们有什么特点，哪些方面可以借鉴，这个市场里还有什么可挖掘的空间，等等。只有对这些方面进行过分析，才能“知己知彼，百战不殆”。

那么，我们研究竞品时该从哪几个方面入手呢？

1. 找出同类型头部账号，挖掘市场空间

我们在做抖音号之前，可以在抖音或者专业软件上对各类垂直领域账号进行分析，看看目前这个领域里有哪些账号做得比较好，哪些细分方向还有市场空间。如果你不确定自己选的方向是否正确，那么可以利用关键词的方式搜索，看看这个方向是否真的没有人在做，然后分析为什么没有出现头部账号，如果自己做的话能不能克服这些困难。

如果做与头部账号相似的方向，要考虑能不能比对方做得更优秀，自己的特色又在哪里。

2. 分析优质账号，学习、借鉴其长处

当我们确定了自己的具体方向后，就可以专门对那些优质账号进行研究，看看它们到底为什么能够积累这么多粉丝，是因为定位准确还是

因为视频内容吸引人。我们在前面提到过的账号“慧慧周”，一开始就是分析“黑脸V”的账号，然后做了相似的内容，在此基础之上，又开通了讲解技术流视频拍摄的小号，最后粉丝竟然反超大号。

3. 研究爆款视频，总结爆红因素

我们每打开一个抖音达人的账号，都能在里面看到某些点赞量很高的视频。例如，抖音上有一个名为“波波爱姨”的账号，虽然这个账号入驻抖音的时间比较晚，但是由于其每一条视频的点赞量都很高，所以涨粉速度十分迅速。通过研究其视频发现，这个账号是一个男孩子反串长沙阿姨的形象，对生活中的中老年阿姨进行惟妙惟肖的模仿，使人们看完后瞬间觉得确实是这么回事，立即有分享给自己妈妈的冲动。

4. 研究点赞量一般的视频，分析失败因素

我们不仅要研究爆款视频，还要研究点赞量一般的视频，分析其不受欢迎的原因，然后将这些原因归纳总结，以防自己真正操作时犯同样的错误。

5. 观看其他类账号的爆款视频，看是否可以借鉴

既然自己将成为抖音上的内容生产者，那肯定就要对抖音上的内容有所熟悉。所以，除了关注同类账号的视频外，还应该观看并研究其他类账号的爆款视频，看看有什么搞笑的梗可以借鉴、当下流行什么元素、是否可以进行合作等。

研究完同类账号的视频之后，基本上就知道自己该做哪方面的账号，以及怎么做这个账号了。另外，除了在做抖音账号之前研究竞品外，我们真正运营起账号后也要时刻关注同行，学习其长处和吸取其教训。具体可以从以下三个方面入手。

1. 关注同行在做什么，如何引流、变现，有什么新的优秀模式可以借鉴

做抖音号如同运营公司，要时刻关注市场变化与需求，尤其是对于新入行的人来说，抱着学习的态度多多研究总是好的。

我们可以给自己定一个目标，如挖掘1000个同行账号，找出粉丝量相对比较多的账号，对它们的内容进行分析学习。如果有团队的话，可以交给团队专门去做；如果没有团队，也要每天抽出时间来专门做这件事。

2. 分析同行，挖掘套路

长期关注同行，肯定就能看出对方的招数和套路，如果有觉得比较好的，也可以适当借鉴。例如，若同行有更好的营销方式和更简单的变现方式，我们就可以借鉴。具体而言，分析同行时应包括：① 昵称；② 头像；③ 签名；④ 抖音号是否认证；⑤ 所发布作品的类型；⑥ 每天所发布视频的数量；⑦ 每个作品的点赞量、评论量、转发量；⑧ 竞争对手的习惯、套路；⑨ 赚钱方式、引流方法；⑩ 发布作品的时间；⑪ 上热门的时间；⑫ 每日涨粉量。通过分析和观察竞争对手，我们甚至可以预测对手的计划，从而做到提前布局。

3. 测试完善，调整放大

借鉴了对方的套路，未必就能在自己的账号上获得成功，因此应先进行测试，同时这也是摸索适合自己的道路的过程。如果有不好的地方，要及时调整；如果效果良好，可以尝试将这种效果放大。

总之，同行既是我们的竞争对手，也是我们的老师，应该多多关注和研究。

账号人格化定位，打造自己的人设

在做好前面所说的各种定位之后，还要考虑一下，我们到底想在粉丝心目中留下一个什么样的形象。抖音上的人设，其实就是我们的个人品牌。例如，你想看有意思的办公室饮食，最先想到的就是“办公室小野”；你想看美妆类的内容，首先跃入脑海的就是李佳琪；你想看搞笑的吐槽类视频，无疑想到的是“papi 酱”。

人设是在与粉丝互动的过程中迅速形成的一种记忆符号，是人物身上的各种信息浓缩成的一种标签。在这个速食化的时代，重视打造人设已成为一种趋势。目前，抖音上用户的注意力极度缺失，如果没有强烈而鲜明的人物特征，人们很难去记住某个账号，账号发布的内容也会淹没在千万条视频中。

总之，好的人设自带流量，能使有价值的内容快速传播，且更易聚集高度认可自己的粉丝，从而使内容传播形成裂变。

因此，在正式运营抖音之前和创作内容的初期阶段，一定要注重人设的打造和人物形象的不断深化，形成具有辨识性的人物标签。

那么，在抖音上走红的人设都具备哪些特征呢？

1. 简单直接，扁平化

在用秒来衡量内容时间的抖音平台上，用户根本没有心思去仔细解读任何一个人，也没有耐心在风格多变的视频大海里分辨和挑选内容，他们喜欢观看让人不费脑力的视频，也更偏爱简单直接、扁平化的标签。在直白标签的指引下，用户的判断时间和精力成本大大减少了。

在“多余和毛毛姐”的视频里，我们看到的是戴着橙色假发、用夸张的风格表演的形象，这种形象具有强烈的辨识度，让观众的大脑形成有效的记忆。在蹿红之后，“多余和毛毛姐”的视频里仍维持这种形象，进一步深化了粉丝的认知。

2. 独特的形象

抖音上内容种类繁杂，用户素质参差不齐，独特的形象可以加深用户的印象并更容易被接受。例如，“多余和毛毛姐”的口音、语气、动作、外形，传达的是一种接地气的人物形象，从而拉近与人们的距离，满足人们的心理需求。又如，费启鸣干净治愈的形象、呆萌可爱的气质，让他获得了很多女粉丝的追捧。

3. 夸张的风格

抖音是竖屏播放，这就导致视频里人的面部特征会被放大，观众的注意力更多集中在人的脸上。因此，抖音上颜值比较高的人很容易涨粉，而颜值低到一定程度的人也能被记住，但是对于长相一般的人就没有太多的优势。这时，可以通过夸张的动作、装扮、表演来吸引粉丝的注意力。

4. 是一个有价值的人

这里说的有价值，是指满足了人们的某种心理需求，如毒舌搞笑类的内容让人开心解压、萌宠类的内容让人治愈、漂亮的男孩女孩让人觉得养眼、新奇的内容满足了人们的好奇心。总之，要让粉丝在看完视频之后觉得有价值，有持续关注的必要。

5. 有口头禅

很多已拥有几百万粉丝的大号在打造抖音账号初期，都会在开头或结尾加一句口头禅。例如，“商业小纸条”每次在视频结束后都会说上一句“嘿嘿，你学会了吗”；陆超每次在视频的结尾都会说上一句“真好”。其实不仅是在抖音上，像岳云鹏、张云鹤等在表演相声的过程中，也形成了具有标识性的口头禅，从而使其独特的形象更加深入人心。

另外，抖音用户整体上比较年轻，思维比较活跃，接受新事物和新观点的能力强，因此，不怕你搞怪夸张有特点，就怕你平庸到没有人关注。在打造自己的人设时，应尽量大胆创新，且与自我风格相一致。

昵称、头像、签名，打造个人 IP

做自媒体重在塑造个人形象，前面我们从整体上讲了打造人设需要注意的方面，现在要说的昵称、头像、签名等，其实也是人设的重要组成部分，而且无论是外在展现上还是内容输出上，所有的人设要素都要统一。

例如，有一个账号名为“上海小阿姨”，从昵称上就能知道其人设是一个上海人，是一个小阿姨，不是老阿姨；头像和背景图是自己的照片，照片是一个女的，年龄不大，进一步印证了昵称反映出来的信息。凭借有趣的内容和生动的形象，“上海小阿姨”已迅速成为抖音受欢迎的大号。

下面我们就具体讲一下抖音账号在注册时如何起昵称、选头像和做个人简介。

昵称，代表的不仅仅是你的名字

在畅销书《定位》中，作者提到“在定位时代，你能做的唯一重要的营销决策就是给品牌起个什么名字”。一个出色的品牌名称，是消费者对品牌认知、接受、满意，甚至忠诚的前提。抖音号也相当于一个品牌，要想让抖音号持续被粉丝关注，起好昵称是第一步。

昵称具有识别性特征，能让人一眼知道你是谁，同时昵称还可以传达某种情绪诉求和价值观，是一种可传播的介质。好的昵称一般都简单响亮，具有鲜明的个人特征。我们在起昵称时，可以先想好方向，然后选取具有代表性的关键词。有些网上和书上将以前的取名大全那一套搬到抖音上，听起来头头是道，但其实十分具有违和感，如“一米阳光”这个名字听起来文艺，但是我们能从中读出它是做什么的吗？所以，抖音的名称要有自己的特点。

聚集在抖音上的大部分是年轻人，年轻人讲究个性，对新事物的包容度高、接受能力强，所以在起昵称时我们可以大胆、夸张一些，具有鲜明的个人特色。

经研究，笔者认为起昵称时可以从以下几个方面入手。

1. 已知大 V、品牌，直接用原有名称

一些名人如陈赫、迪丽热巴、杜子建、李子柒等都是直接用名字，一些品牌或企业如支付宝、吴晓波频道、年糕妈妈也都是用原有的名字。因为这些人物或品牌早已在其他平台积累了大量的粉丝，在抖音上直接用原名可以迅速积累人气。另外，有一些红人在自己是素人时期也直接用自己的名字，如费启鸣。

2. 电商类或技能类账号，直接亮明身份和目的

例如，“阿姐家情侣装”这一昵称非常直接，表明自己就是卖情侣装的；“杭州美食圈”，就是介绍杭州美食的；“励志语录”，就是推荐一些激励人心的语录的。关注这类账号的人一般具有十分强烈的目的性，直接用关键词表明身份和目的可以帮助其在抖音里直接搜索到，如果名字起得太隐晦，反而不利于用户查找。

这类账号起名一般用“方向/身份+关键词/名称”的格式，前后两项可以互换位置，如“商业小纸条”“创业找崔磊”“调酒师--扬扬”“优妮简笔画”都是这个类型。

3. 特性+名字，这样的名字更好记

这类型的名字既表明了特性，又带上自己的名称，是抖音上一种十分常见的昵称形式，如“会说话的刘二豆”“开挂的猫二歪”。名字在前、特性在后的也有，如“杨公子要上进”。

4. 身份、性格、性别反差类

例如，“M哥”是一个唱歌好听的女孩子，“波波爱姨”其实是一个男孩子反串长沙阿姨。这类名称一般利用强烈的反差使人增强记忆，或者是传达一种带有反差的态度。

5. 利用同音、谐音，表明含义

利用同音、谐音，读起来又顺口，又能表明其背后的其他含义，如“独角show”“农村伊妹子”。

6. 利用叠词，好记、朗朗上口

叠词的运用可以增强用户的印象、易传播，如“慧慧周”“周周珍可爱”“高火火”都是这种类型。

7. 加量词、命令动词或者使用数字

加量词，如“第七画室”“第一军情”“第一现场”“第一美食”“第一财经”等；加命令动词，如“来个水果”“来个赞”；使用数字，如“孟婆十九”。

判断一个昵称是否合格，可以从以下三个方面考虑。

1. 好记忆：简单顺口

一个好的昵称绝对具备好记忆的特点。我们给自己的抖音号起名字，为的就是与别人有所区分并能被人记住，如果起的名字让人看后难以想起，自然也就不太容易引起用户的关注。

2. 好理解：寓意美好，不要有歧义

无论是在什么平台，起的名字一定要好理解，让人们一眼就明白你的这个账号是要做什么，如“办公室小野”就很容易让人想到账号的内容是与办公室有关的。如果粉丝无法理解你的昵称，那在传播时就可能引起错误的认知。

3. 好传播：能够产生联想

好传播是做好互联网营销、实现产品变现的重要条件，对于抖音的昵称也是如此。一个让人忍不住想去传播分享的抖音昵称，涨粉一定不难。

如果上述介绍还是让你不得其法的话，这里还有一个昵称设置的万能公式，即品牌标签 + 价值标签。总体来说，虽然抖音起名的方法有很多，但是好的名称无非是好记忆、好理解、好传播，只要具备这几个特征，就不怕没有粉丝来关注。

头像，决定了粉丝对你的第一印象

相较于文字而言，图像给人带来的冲击感更强，我们往往能从一个人的头像里看出这个人的样貌、性格，甚至风格。在抖音上，头像是一种视觉语言，往往决定了粉丝对你的第一印象。因此，在选择头像时要有所注意。

下面我们来讲一下选头像的标准。

1. 如果是个人号，最好选择内容主体的形象照

如果内容主体是人物，则可以选取具有个人特点的照片作为头像。例如，费启鸣就是用自己的照片，“黑脸 V”用的是一张黑脸的照片，“波波爱姨”用的是自己身穿睡衣的照片。

如果内容主体是宠物，则可以选取宠物的照片，如“尿尿是只猫”“金毛蛋黄”“赵拉斯吃二狗”都是如此。同样，美食类、旅游类的账号一般也是选取与其内容定位相一致的形象照片。

2. 企业或品牌可以用商标图案或品牌名字

这类抖音号最好以品牌形象为焦点。例如，小米手机、湖南卫视都是用商标图案和品牌名字来做头像，给人以官方、可信任的感觉。

3. 头像要容易让人记住、有好感

对于非企业或品牌类的账号，在头像的选取上一定要具有某些个人特征，让人有好感，最好不要放让人反感的照片。

4. 与自己的风格定位一致

如果账号是传播美好事物的，那头像就放美好的形象，如美食、美女、美景。如果内容是搞笑类的，则可以选取搞笑夸张的照片。总之，头像要与风格定位一致。

5. 颜色搭配最好容易吸引人的注意

研究发现，人的眼睛对红黄蓝这类明亮的颜色比较敏感，所以可以适当选用具有这些颜色的头像。

在选择头像时，还有哪些方面是需要我们注意的呢？

（1）不要以背景作为头像，这种头像不仅没有亮点，而且让人不知道账号要表达什么。

（2）目的太过明显，将产品或二维码作为头像的账号，往往会让粉丝反感，没有想要关注和了解的兴趣。

（3）除非是相关行业，否则以风景或动物图片作为头像的账号，会因为没有明显的标签和特色，让人觉得不专业。

（4）除非自己在人群里特别显眼，否则以人群为头像的账号，根本让粉丝看不出来想表达什么以及你在哪儿。

（5）选择以人像为主体的头像时，要注意背景和人物的比例，如果背景大于人物，就会失去焦点，人物反而成了衬托。

一个好的头像不仅是一种自我形象和风格的展现，更是吸引粉丝主动关注的重要手段。在抖音这种快节奏的短视频平台上，所有能表达自我的标签和因素，都应该围绕人设本身最大化去强化，这样才能给粉丝留下深刻的印象。概括而言，符合自己的风格定位，能够让人产生好感、能够让人记住的头像就是好头像。

个人简介，你的态度全在签名里

个性签名，也就是一句话简介。虽然只是简单的一句话，但是能起到的作用非常多。我们可以利用个性签名做介绍，可以做直播预告，还可以添加微博、微信或公众号来引流或合作。需要指出的是，添加微博、微信或公众号的方式已经被抖音平台限制，使用时要注意技巧。要注意，通常注册账号的初期是涨粉的重要阶段，这时不用急着引流，等粉丝积累到一定程度再做也不迟。

个人简介的写法有多种类型，归纳起来无非以下几种。

1. 直接说明目的

抖音的简介一定要简单直白，让人一眼就能明白你要表达什么。例如，“创业找崔磊”，其简介为“私信提问　有问必答　私信送电子

书 对你会有帮助”。

2. 自我说明

一般抖音账号的个性签名较多的是做自我说明。例如，李子柒的签名为“李家有女，人称子柒”；“黑脸 V”的签名为“一个创意，一种态度”；费启鸣的签名为“本宝宝暂时还没想到个性签名”。这种自我说明，可能表达的是一种态度、一个理念或是对自我的一种解释。

3. 宣示身份

宣示身份是为了向大家说明抖音号只有这一个或者这个号是官方账号，以防止别人模仿或抄袭，以自己的名义添加粉丝。例如，“吴晓波频道”的简介为“吴晓波频道官方账号”。

另外，个人简介这个位置还可以发布一些公告，如直播时间、官方辟谣、态度说明等，等后期积累到一定粉丝还可以引流、合作。

通过研究众多头部账号的个性签名，我们发现，这些签名具备以下几个特点：

（1）简单直白，一目了然。个性签名在于简单直白，让人一看就明白想表达什么，切忌写得高深莫测。抖音用户大多是利用碎片时间在观看，不会花太多时间在需要花费心思的事情上，所以要一目了然。

（2）有趣有料有内涵。个性签名虽然要简单直白，但是还要有趣有料有内涵，最好能展现出自己的个性，用一句话说明自己。

（3）易读易懂，朗朗上口。一般用来做个人简介的语言都通俗易懂、朗朗上口，容易让人记住。

（4）风格一致。每个账号在入驻抖音之前都已经对自己的人设、风格做了定位，而个人简介这个地方也是展现自我风格的一种途径，所以个性签名要与人设、风格保持一致，这样就能加强粉丝对账号的印象。

总之，个人简介就是用一句简单易懂、朗朗上口、有趣有料有内涵的话来表明自己的目的，表达自己的态度，进而达成自己的目标。个人简介看似简单，但还是要经过深思熟虑和精心打磨，才能彰显个性。

要想做大号，必定先养号

养号，顾名思义，就是模拟真人的行为，来关注、观看、点赞、评论、分享、看直播等，让平台认为这是一个真实的号。在正式运营抖音之前，最好先用 3 ~ 5 天时间来养号，这样账号的初始权重就比较高，对后面的发展比较有利。

养号时刷的内容一定要与自己的定位相关，这样，平台会根据你关注和观看的内容来给你定标签，以后就会为你推荐相关视频和分配比较精准的流量。

养号期间，在线时长也是一个衡量标准，不能觉得今天点了一个赞就没事了，还是要看一定的视频，有一定的时长。

那具体应该怎么操作呢？

1. 最好用一个新号

在运营抖音时，最好用一个新注册的号，这样就比较容易得到抖音的重视。用老号的坏处在于：第一，如果这个号玩了很久，但是没有出现过爆款，就会被抖音降低权重，很难再做起来；第二，因为老号浏览过各种类型的视频，会让抖音做出错误的定位判断，从而对以后的运营不利，无法匹配到精准流量。

2. 每天玩半小时以上，真实使用 1 ~ 3 天

养号本身就是为了让抖音平台认定此账号是一个真实的账号，所以最好每天都登录抖音，时间要保持在半小时以上，累计时长一定要多于 2 小时。登录时间理论上是 1 ~ 3 天，但最好是 3 天，时间太短太长都无利。

3. 关注同领域，观看、点赞、评论、转发

在 3 天的养号期，最好先关注 20 个以上同类型账号。另外，除了关注以外，还要多点赞和评论，这样就会让抖音认为你是一个优质的用户，且以后会为你匹配更精准的内容和流量，同时增加账号的隐性权重。

总之，要有清晰的标签，告诉平台你喜欢什么、你在做什么。

4. 一机一卡一号，最好用自己的流量

在养号期间，最好使用一机一卡一号，不要用其他手机号乱登录，否则可能带来不利的影响。另外，如果使用抖音的地点不确定，可能也会有不好的结果，所以最好使用自己的流量，让抖音认为这是一个真实的优质用户。

5. 基础信息要干净完善，昵称和签名要健康

一般开始养号时，注册的基本信息都要完成，不要拖到养号中才去完善。同时，昵称和签名不要涉及敏感信息，否则可能面临封号的危险。

6. 关注抖音小助手，参与话题

在养号期间可以关注抖音小助手，积极浏览并参与话题活动，这样更有利于增加账号的权重。

7. 实名认证，适时为好

在这里我们提前说一下认证，有的人认为越早认证越有好处，实则不然，我们建议最好账号粉丝达到 1 万再去认证，不然前期出现什么问题，想修改信息会非常麻烦。

玩抖音很重要的一步在于养号，千万别小看这一步，养号得当与否直接决定以后账号能否做得起来。为什么很多人的抖音做不起来，重点在于没有掌握养号的细节，尤其是新注册的账号，稍不注意就会违规，即使养再长时间也是无效。

Chapter 3

内容为本，有好内容才能持续走红

四大类型，抖音最流行的内容

玩抖音，能够胜出的人一定是内容高手，那么在抖音上哪些类型的内容最受欢迎呢？我们知道，在抖音的算法推荐机制中，点赞数是最核心的衡量标准，点赞数向我们透露的不仅是前台可见的一个核心数据，而且在某种程度上直接决定了内容的曝光率。

如果一个视频的点赞数比较高，相对来说它的内容就比较优质。我们总结出了用户刷抖音最喜欢看的四大内容类型，如表 3-1 所示，想做抖音视频的人可以做一个参考。

表 3-1　用户刷抖音最喜欢看的四大内容类型

类型	细分	关键词
美好生活类	高颜值类	好看、颜值、小哥哥、小姐姐、男朋友、女朋友等
	萌宠萌宝类	猫、狗、娃、宝贝、可爱等
	美食类	好吃、吃货、想吃、吃法、饮食、火锅、奶茶等
	旅行美景类	旅行、旅途、在路上、新世界等
	记录生活类	婚礼、感动、温暖、毕业、大学、浪漫、异地恋、回忆等
好玩类	搞笑类、套路类	好玩、套路、尴尬、戏精等

续表

类型	细分	关键词
猎奇类	炫技类	炫酷、高能、打 call①、刺激、666②、游戏等
	创意类	厉害、神奇、魔术、意外、震惊、原来如此等
实用技巧类	时尚美妆类	化妆、发型、穿搭、编发、服饰、色彩等
	健身减肥类	减肥、瘦身、减脂、跑步、坚持、瑜伽等
	生活技巧类	简单、方法、攻略、实用、达人、技巧等
	专业教程类	拍摄、运镜、教程、特效等

发现美好生活，美景、美食、高颜值

抖音的口号是："抖音，记录美好生活。"因此，在抖音上，凡是美好的事物都会被粉丝们追捧。美好生活类的视频触发了我们的向往感，能起到治愈性的效果。我们所说的美好生活类视频，主要包括以下几个方面。

1. 高颜值类

我们在抖音上经常会看到高颜值的人，他们有姣好的容貌、温暖的笑容、苗条的身材，短短十几秒甚至几十秒的视频，只要他们一出镜，马上就能俘虏粉丝们的心。我们经常能看到粉丝们在这类视频下面评论"糟糕，是心动的感觉"，这从某种程度上说明，抖音带来的是一种外表吸引力经济。

经研究发现，对于外表吸引力型的视频，用户在观看后第一时间点赞的意愿更高，一个视频的重复播放率也相对较高，互动性更强。这就是像费启鸣或"代古拉 k"等，哪怕是一个笑容、一个动作就能收获上

① 网络用语，泛指对某人的喜爱与应援。
② 网络用语，形容某人或某物很厉害，令人折服。

百万点赞的原因。

2. 萌宠萌宝类

在抖音上，人们经常被可爱的小动物们萌倒，如狗、猫、鹦鹉，甚至猪，并纷纷表示“已成精”“应该送去上大学”。另外，还有一些是萌宝们的视频，让用户看了不禁评论“又劝我生孩子”。这类视频的特点就是趣萌治愈，非常容易吸引人们反复观看和点赞。

3. 美食类

很多人，尤其是所谓吃货，对美食毫无抵抗力。美食类视频有的是网友针对某些餐厅里的某些食物做的分享活动，有的是店家专门做的营销，还有一些是自己或专业机构边做边拍的视频，这种美食视频的灵魂在于对做法的讲解。

4. 旅行美景类

旅行美景类视频一般拍摄的是风景区，如婺源、稻城、张家界等很多景点因为抖音的宣传，吸引很多人不远千里去打卡。另外，还有一些是无意中发现的景点、美丽的瞬间，因为抖音，一时火了起来。

5. 记录生活类

在人生中有很多美好的瞬间，如婚礼、婴儿出生、大学毕业等，都是让人看后又温暖又落泪的。这类视频基本上是用户拍摄的生活中的画面，既真实又煽情，传播力也很强。

总之，在抖音上只要是让大家喜欢并向往的美好事物，都会引起粉丝的围观点赞。所以，我们要有一双善于发现美的眼睛并及时将其记录下来。

搞笑、套路，好玩的事物总会被分享

在抖音上，我们经常看到有人在视频下面评论：“我要笑死在抖音里。”可见，抖音给大家带来了多少欢乐。抖音上的搞笑，都是认真的。有些人本身带有喜剧天赋，通过改台词、对口型和各种演绎，将一个个喜剧桥段生动地表演出来。而套路类的内容，适合全民参与、人人模仿，在抖音上也非常流行。

1. 搞笑类

抖音上的搞笑类视频非常多，很多人喜欢刷抖音就是因为视频能给他们带来快乐。在饭后睡前、通勤路上的碎片时间里，用户往往用来娱乐和放松。如果视频内容真的将人们逗笑了，点赞行为也就是自然而然的。

像《生活对我下手了》里面辣目洋子拍的视频，往往能将人逗得捧腹大笑，而她丰满的身材、具有标识性的眼睛、圆圆的脸庞，同样给人留下了深刻的印象。

2. 套路类

抖音上有很多套路类的视频，因为具有很强的模仿性，引得人们纷纷参与，所以这类视频的传播性也很强。

例如，以下套路就很适合情侣。

男：你有打火机吗？

女：没有啊。

男：那你怎么点燃了我的心？

现在的人们生活和工作压力比较大，因此比较喜欢看一些轻松搞笑类的视频，以缓解平时的焦虑情绪。而抖音上的用户多为年轻人，喜欢新鲜刺激，爱模仿，追潮流，所以这些适合互动和模仿的内容非常容易在抖音上引起广泛传播。

“新奇特”，炫技、创意满足用户心理

自从有了抖音，人们就经常感叹：“抖音带我看世界。”的确，在抖音里我们能看到各种稀奇古怪、充满新意的视频，各种我们身边见不到的新鲜事，都在抖音里被刷了出来。可谓“有抖音，生活真精彩”。

1. 炫技类

抖音中有很多展现才艺技能的视频，这些才艺不仅限于唱歌跳舞，一些生活化的冷门匠人技能往往也会收获用户的点赞。另外，像“黑脸V”这种技术流，将视频拍摄得非常魔幻，同样引来了非常多的粉丝关注。

抖音上的“阿泽来画你”，就是依靠自己独特的画技来画一些大家熟知的热点人物，如《复仇者联盟》里的美国队长等。因为画得惟妙惟肖，经常令粉丝们大呼“神技”，甚至还有粉丝在评论里询问“可以给我画吗？收费吗？”

2. 创意类

好的创意放在哪里都会被人喜欢，如在车上将外面的电线当作琴弦，配上好听的音乐弹起来。这些视频往往出人意料，非常容易引起用户们的模仿和传播。

“王蓝莓”是抖音上一个做手指动画片的账号，这个账号的作者叫王娇。在“王蓝莓”的视频里，我们看到利用一双手，一个画成妈妈的形象，一个画成“王蓝莓”的形象，然后用有趣的对话形式将故事表达出来。在最初入驻抖音期间，这个账号根据热点做过各种尝试，甚至将古装片、战争片做成段子风格的短视频，但是并没有使粉丝数量得到突

破性增长，直到做到第15个视频“一个东北孩子的命运”，这个账号才开始爆红。

总之，“王蓝莓”这个账号极具创意，一是在手上画出人物形象，二是采用童年时期的绘画风格，并配上形象的动作和有趣的语言，使这个账号的特色非常突出，不具有模仿性。

炫技类和创意类的视频对创作者的要求比较高，有一定的门槛，但由于创作的内容本身比较新奇，容易满足人们的好奇心，也就很容易吸引粉丝。

知识技能类视频，内容垂直高转化

知识技能类的内容比较实用，一般来说属于用户的刚需，只要有这方面需求的人都会主动关注此类账号。而且由于粉丝比较精准，所以这类账号变现也比较容易。

1. 时尚美妆类

一般美妆类的视频都是教人们如何化妆，这类账号变现十分容易，因为每一个视频都可以是带货的广告。很多美妆达人因为自己长得美、会化妆，吸引了很多粉丝的关注，而有一些是长得并不太美，但是化妆技能特别突出的，这类达人往往也会受到粉丝的追捧。

抖音上有一个叫“锰宝”的美妆达人号，专门为大家分享美妆的内容，里面有教人化欧美妆容的，也有网红妆容的。凭借美丽的外形和出神入化的化妆技巧，“锰宝”吸引了大批忠实的粉丝，而且“锰宝”的商品橱窗的点击率非常高，其中一款隔离防晒霜的点击率超过50万，销量也非常高。

2. 健身减肥类

由于现代人越来越注重对自己健康和身材的管理，所以健身减肥类的视频一直都非常受欢迎。例如，抖音账号“郭大力健身”通过上传一些快瘦操、超胖减肥操、狂瘦操的视频，为大家讲解减肥的知识，获得了很高的点赞数。

3. 生活技巧类

一些实用的生活小技巧能为人们解决很多生活难题，凡是热爱生活的人都会忍不住关注。

抖音上有一个叫“生活妙招”的账号，通过为大家分享油污清除妙招、驱蚊小妙招、眼镜护理妙招等，吸引了几百万的粉丝。视频里没有配任何讲解的语言，而是通过加速的视频将一些妙招的关键步骤展现出来，既清晰又简单，能让人马上学会。

4. 专业教程类

随着抖音发展的不断深入，视频内容已经实现垂直且多元化发展，一些专业知识类的教程也开始出现在上面。例如，如何做 PPT、怎样学英语、如何创业等很多专业的知识，都开始在抖音上火热传播。这种账号主要讲的是某个行业的专业知识，所以吸引的也是对这类内容感兴趣的人。虽然某些账号粉丝不是特别多，但是因为非常精准，所以变现也比较容易。

例如，在抖音的搜索框里输入“PPT”，就会发现同类账号竟然都有不错的粉丝量。像“秋叶 PPT”本身就推出了相关畅销书，所以积累粉丝较为容易，已有几百万的粉丝量。

总之，随着抖音内容的进一步扩展，以后的方向会越来越细分垂直。相对来说，这类账号要求的专业性强，粉丝黏性大，易转化。

搬运还是原创？不同的玩家有不同的套路

在玩过一段时间的抖音后，相信大部分人对抖音里的内容都会有一定的了解。在抖音里，有像“一条”“二更”“尿尿是只猫”这样内容质量高、拍摄和剪辑手法专业的账号，也有从素人一夜爆红变成达人，凭借个人才华取胜的个人号，还有偶尔有一两条爆款视频获得用户狂点赞的路人账号，甚至有一些账号将我们早就知道的段子、视频通过粗加工或搬运的形式传到抖音上。总之，抖音内容包罗万象，水平参差不齐，不同的玩家有不同的玩法。下面我们就来介绍一下抖音的玩法。

1. 流量玩法

有些用户注册抖音就是为了吸引流量，那采用什么方法获得点赞和粉丝最容易呢？抖音上有一种操作方法，就是把之前经过验证的、可以获得流量的内容搬运到抖音上来。我们在抖音上经常会看到与快手、火山、秒拍等上面的内容雷同或相似的作品，而且现在有很多工具或平台可以去水印或直接下载无水印的视频，以便直接上传到抖音。

除了搬运内容外，还有人直接搬运身份，如有些账号故意用明星的名字或者知名机构的名义来吸引粉丝。目前抖音上就有朱茵、周杰伦等类似明星的账号，虽然没发什么视频，但是粉丝倒不少。

但是需要注意的是，抖音鼓励原创，可能在前期通过这种手段来吸引粉丝会有一定的效果，但是为了能长久发展，最好还是要有一定的原创能力，不然粉丝看多了产生疲劳会给予差评或取消关注。而且抖音为了打造和维护生产原创优质内容的生态环境，特意上线了检测搬运视频的算法。算法会根据视频内容、时长、视频码率等，检测上传的视频是否存在搬运情况。如果搬运类的内容太多，就会通知用户被识别搬运内容过多，从而实施限流。

2. 原创玩法

从抖音设置的算法机制来看，抖音重视视频内容，虽然有些账号和视频通过搬运或模仿的形式获得了一定的粉丝和曝光量，但是真正获得抖音扶持的是能够生产优质内容的主体。例如，在抖音上可以认证“优质视频创作者”“抖音好物推荐官”等，也算是抖音对优质生产者的一种鼓励。

（1）野生玩法。在抖音上，野生玩家的基数比较大，这些玩家虽然依靠套路或个别的视频能火一时，但是由于套路类视频容易被模仿，而持续产出高质量的内容又要靠持续的内容和套路，这对于大部分玩家来说难以做到，所以他们只是随便玩玩，在红得够久够透方面是不能和专业玩家比的。

因此，我们经常看到某个爆款视频的账号里，点赞数高的就只有一两个视频。这类玩家因为缺乏持续的创作能力，即使火了一两个视频，也难以将账号做起来。

（2）专家玩法。专业类玩家除了能拍摄和剪辑出精彩的视频外，在内容创作方面更是洞晓用户心理，明白他们的需求，知道剧情如何安排，如何持续吸引他们观看，所以这类玩家制作的每个视频几乎都能获得高点赞和高传播。这类玩家往往具备以下几个方面的特点：

- **善于捕捉热门话题**

抖音上的一些大号都非常懂得跟热点，例如，在春节、情人节或母亲节等节日会制作有针对性的视频。

- **擅长利用工作、夫妻、学习、旅行、宠物等场景获取共鸣**

选取这些场景容易拉近与用户的心理距离，让用户产生共鸣和认同感。因此，要善于发现这些场景里美好、感人、欢乐的瞬间。

- **分享实用的知识或技能，让人觉得有用**

一个视频除了好看之外，一定要有价值，如分享专业、实用性的内容，从而吸引有需求的人去主动关注。

- **戳中人性弱点，会装傻卖萌，逗人开心**

专业玩家往往了解人的心理，让人开心也好，戳中人性的弱点也罢，都是因为打动了人的内心，让人看了有所触动。

总之，想做抖音的人要善于向那些优质视频创作者学习，不仅借鉴他们视频中常用的套路，还要学习他们背后的思维和方法。

采用哪种表现形式？不同形式换着用

在抖音上，我们能看到各种表现形式的视频：有像“多余和毛毛姐”这种真人出镜的，也有像“快看漫画”这种手绘漫画形式的；有一个人脱口秀式的，也有由许多角色组成的剧情演绎式的……具体选择哪种表现形式，一般与账号的内容定位有关，一个账号可以选择多种形式来展现内容。

抖音是一款短视频 App，播放的所有内容都是视频形式，那么这些视频是如何展现的呢？创作内容时到底该选取怎样的形式呢？我们在研究了抖音上的各类视频后做了如下总结。

1. 真人出镜

我们发现很多视频，尤其是红人类视频，都是以真人出镜为主的。这类形式能迅速打造个人或品牌形象，让用户快速熟悉角色并记住其特征。

在真人出镜式的视频中，有以下多种类型。

（1）脱口秀式。抖音上很多账号都是以一个人为主体出镜的，例如，“创业找崔磊”中的崔磊、“年糕妈妈”中的糕妈，都是通过脱口秀式的单人演绎，将一件事情或某个道理讲出来。这类视频的重点在于说的内容是不是吸引人。

（2）对话式。对话式视频多是一问一答或是你一言我一语的形式。这种类型的视频也重在说的内容里是否有梗，如土味情话或某些搞笑段子都可以采用这种形式。有些对话也需要某些场景的辅助，因为有些话只在某些情境下才有特定的含义。

（3）表演式。像歌唱类或舞蹈类的视频，通常需要辅助一定的表演，尤其是一些带有剧情的，需要在提前设置好剧本的情况下进行拍摄。

（4）连续剧式。现在抖音上经常有一些高质量的短剧，甚至是连续剧。例如，“周周珍可爱”发布的《遇见你在劫难逃》，就非常具有可看性，这类视频往往能吸引粉丝持续关注。

（5）随手拍摄式。除了上面提到的一些提前做好准备拍摄的视频外，抖音上很大一部分视频都是随手记录下来的，如某些美景、某些搞笑的场面、某些令人感动的瞬间等，网友往往是从这些视频中看到了更精彩的世界。

（6）混剪式。一个视频出彩的不仅是内容，还有剪辑方式。例如，

“尿尿是只猫”的剪辑水平就非常高，经常将不同的场景混剪到一起，画面非常具有冲击感。

2. 图文并茂

抖音上还有一些视频是图文形式的，这种视频一般都是靠内容取胜，没有夸张的表演，或者是重在展现图片，像一些漫画式的账号多采用这种形式。

（1）图文式。图文式中最简单的一种形式就是边说文字边播放，且文字有大有小、有横有竖。这种视频的内容一般多是搬运而来，做起来比较简单，一般背景图只用同一张。另一种就是每张图上配不同的文字，然后配上台词和音乐，一张张放图，一般放 7 ~ 9 张图片即可。

（2）卡通漫画式。这种视频本身就是为了展现漫画，所以会将图做成动图，如“喵小兔漫画（画师七七）”“石头猫”等笑话类的账号都是采用这种形式，非常生动有趣。

以上是抖音视频中常用的几种形式，我们在做抖音时可以选取适合自己的形式，并且为了让粉丝不产生审美疲劳，平时可以多换几种花样。

六大特点，爆款内容的属性

我们知道，抖音涨粉主要是靠爆款视频。一个爆款视频可以一天为账号带来上百万的粉丝，因此做出爆款视频是每个抖音运营者日思夜想的。那么，为什么有些人发的视频播放量和点赞量寥寥无几，而有些人发的每条视频都是爆款？我们通过研究大量爆款视频，总结出了爆款视频具备的几个特点。

1. 有共鸣

很多视频被火速传播的很大原因是人们从中找到了共鸣。例如，在抖音上有个视频是这样的：有个人在上厕所的时候无所事事，把身边的洗发水、洗面奶、洗衣液等，凡是能拿到的东西，一个个拿起来看着背面的字研究。视频的文案是："上厕所时，有没有同款的你？"只要有类似经验的人，看完后马上会点赞或转发。抖音上有很多这种类型的视频，既好玩有趣又能让人产生共鸣。

2. 有吸引力

大多数视频内容被传播，是因为我们被吸引了，如美人、美景、美食等一切我们向往的事物，都可能吸引我们的注意力，使我们忍不住想转发、点赞。尤其是抖音上宣扬记录美好生活，凡是美好类的内容都容易吸引粉丝。

3. 有冲突

有冲突感的视频往往会给我们带来强烈的情绪刺激。例如，被老公嫌弃的家庭妇女，一打扮立马变成大美女；明明婆婆在翻儿媳妇钱包，被发现后原来是默默往钱包里塞钱。这种冲突感可以表现在人设、形象、内容等一切方面，有强烈冲突感的视频往往会获得粉丝的点赞。

4. 有价值

在前面我们就提到过要做有价值的内容输出者，所以我们一定要洞察粉丝的需求，然后尽量去满足他们，这样才会让他们觉得有价值，给予关注和点赞。这一点在实用技能和专业知识类视频上表现得尤为明显。

5. 接地气

抖音使短视频创作变成了人人可参与的一种行为，拍视频的人除了部分是专业团队外，其实大部分都是普通人。普通人喜欢看的东西必然是与自己相近的，与自己日常生活相关的，所以日常生活中的有趣现象是抖音内容创作的主要来源。

6. 强情绪

抖音视频的播放时长最多一分钟，短则几秒钟，想在这几秒之内吸引用户的注意，必然要使视频具有极强的感染力，引起用户情绪上的反应。因此，在发布视频时可以带上适合的音乐，用夸张的表情和动作来吸引用户。

以上六点是爆款视频常带的属性和特点，我们创作视频的时候可以适当借鉴，使自己的视频也具备这些元素。

“碎嘴许美达”目前已经成为抖音上的一个大号。许美达以知识女性自称，远嫁美国，既有可爱的孩子又有恩爱的老公。看过许美达视频的人都知道，虽然她嘴碎，但是说的话句句在理。凭借精彩的语言、夸张的表情和励志的精神，许美达收获了一大批粉丝。

仔细分析后发现，许美达的视频里几乎涵盖了前面提到的所有爆款因素。第一，许美达自身的形象非常亲民，她经常以不修边幅的日常装扮出镜，无论是语言还是形象都十分接地气，让人看后觉得她就是一个跟我们一样的普通人。第二，许美达在视频里的表情非常夸张，情绪十分强烈，很具有感染力。第三，看似普通的一位中国女人，却能在国外收获幸福，而且乐观向上，这又和她看似普通的外在形成了鲜明的反差，给人以强烈的冲突感。第四，她经常介绍在美国的方方面面，身在国内的人一定对国外的一切都十分好奇，所以其视频内容本身就很有吸引力。第五，她经常以母亲、妻子、儿媳妇、女儿等各种身份来分享自己身边的各种事，很容易引起人们的共鸣。第六，她的每一条视频都十分有价值，让人看后不禁点头认同。

总之，想做好视频内容的人可以通过分析这些优秀账号来学习和提升。

五大方法，这样视频才能上热门

无论是在微博还是在微信上，如果没有积累大量的粉丝，那么发布的内容就很难被关注和传播。但是在抖音平台上，由于抖音特殊的算法机制，哪怕是没有粉丝的人，只要内容够好，在短时间内也很容易变成一个百万大号。

我们在前面详细介绍过，只要在抖音上发布视频，平台就会分配一定的流量，为账号带来一定的曝光，如果内容够好，就会被放到更大的流量池里。如果发布的视频在 1 小时里点赞超过 100 个，播放量超过 5000 次，那就很有可能获得系统的推荐，离上热门也就不远了。

按照抖音的推荐算法机制，如果所发布视频前 1000 个推荐量里获取的点赞率和转发量比较高，系统就会推送下一波的流量。因此，要想上热门，前 1000 个推荐量的点赞量尤为重要。为此，可以在高峰期发布视频，有利于提升权重，从而有更大的机会上热门。

那么，怎样才能让视频上热门呢？在研究和分析了大量的数据后，我们发现主要应从以下几点入手。

1. 关注官方热点或热门

除了注意发布视频的时间外，还要关注视频的内容。事实上，内容才是决定流量多少的关键。为了引起更多用户的关注，就要多多蹭热点，绑定官方热点或热门。抖音的主页面上有热点话题、挑战、官方活动等，这些内容都是有官方推荐权重的，因此相关话题下的视频都会获得更高的播放量，从而带来更多的点赞。

2. 热门音乐用起来

抖音短视频之所以吸引人，很大程度上是因为背景音乐选得对。抖音用户比较爱跟潮流，如果将当下比较火的音乐嵌入视频中，用户就会觉得熟悉或悦耳，从而增加用户的观看意愿。

3. 定位到热门的商圈

在发布视频时，如果将视频定位到热门商圈，也会带来更多的流量，提升视频的权重。

4. 与抖音小助手互动

@抖音小助手，对上热门也有一定的帮助，所以在发视频时可以适当带上。

5. 不要有违规操作

在发视频时千万不要有违规操作，例如，发广告、带货、留联系方式、涉及敏感话题、内容非正能量都会被抖音禁止，弄不好还会降权或封号。

为了维护平台秩序，优化用户体验，抖音官方不断提出了一些规则。目前，抖音专门推出了六条禁令，包括禁止诸如小猪佩奇[①]之类的元素、禁止《我是神经病》《我们喵星人就是这么拽》等歌曲、禁止色

① 曾因“小猪佩奇社会人”的梗被明确列为禁止元素。

情低俗行为、禁止违反法律法规的行为、禁止引人不适的行为、禁止水印和 LOGO。

以上只是有利于上热门的常规做法，另外抖音官方还推出过上推荐的详细玩法，有兴趣的读者可以去研究一下。

Chapter 4

运营实战，打造抖音千万级大号

步步为营，解析抖音运营的基本流程

一个成熟的抖音账号一般都有自己的工作流程，只有将工作流程化并细致分工，才能持续生产出优秀的内容。我们询问了一些做得好的账号，得知其基本的工作流程如下。

1. 确定选题

对于素人类的账号，可能前期运营时对于选题的选择只是随便一拍脑袋而定，但是真正专业化的团队要有选题规划，而且要结合热点推出各种选题。做好选题，是做好视频内容的第一步。没有好的选题，后面的一切都是徒劳。

2. 确定形式

确定好选题之后，还要确定表现形式，到底视频是真人出镜还是图文形式？是一个人讲解还是由三五个角色演绎？视频的表现形式一定要在前期想好，只有定了形式，才能确定后面的文案以及拍摄的手法。

3. 撰写文案或剧本分镜头

比较专业的视频创作者都会提前写好文案或剧本。我们一再强

调，抖音属于短视频平台，需要在短短的几十秒里将事情讲清楚，并具有趣味和价值，甚至还要有人们喜欢的梗，因此在撰写文案或剧本时就很考验功底。同时，文案内容一定要做到简练、直白、知识点密集。

4. 拍摄和制作

撰写好文案或剧本后，剩下的就是拍摄和制作了。拍摄之前一定要确定好角色，角色的表演能力并非要达到多么高的水平，但是一定要独具特色。关于拍摄，其实抖音平台基本上用手机拍摄就能搞定，但是追求视频质量的账号可以适当采用专业的拍摄工具。在后期剪辑制作方面，如果具有一定的剪辑水平则更好。抖音上很多优秀的视频都是由专业的后期工作者制作的，可以说给视频内容非常加分。

5. 上传视频

制作好视频之后，就要上传了。上传视频时，可以利用抖音的一些功能，如位置、@，或者参加某些挑战活动，这些都是在上传视频的过程中完成的。切不可小看上传视频这个环节，如果将一些小功能利用好，可以为视频的播放带来意想不到的效果。

6. 内容维护运营

完成了前面所有的基础工作后，不要以为后面就没事了，其实抖音视频的很大一部分工作在于后期运营。这些运营工作包括引导评论、与用户互动、向其他平台引流，甚至变现等重要内容。

抖音内容的运营基本上就包括以上六个方面的工作，后面会针对每一部分进行详细的讲解。

找好角度，确定选题的六个方法

我们知道涨粉其实是靠爆款视频，然而大部分爆款视频不是偶然而成的，一般都要经过精心策划。精心策划爆款视频的第一步就是要有好的选题，那如何确定好选题呢？

1. 寻找痛点程度高的话题

一个选题有没有触动用户的痛点，决定了这个视频能不能火。判断选题的痛点程度如何，并不是单纯靠内容生产者臆想，而是要求生产者站在用户的角度反问自己：这个选题是抖音用户想看的吗？与关注我的粉丝有什么利益或情感共鸣吗？

例如，有两个选题方向：一是胰腺的作用是什么？二是夫妻吵架，为什么老婆被气得半死，老公却倒头就睡？你会选择打开哪个视频呢？相信大部分人都会选择后者。因此，应选择与用户有共鸣的、痛点程度高的话题。

2. 选择受众基数大的话题

每一个话题都有一定的人感兴趣，感兴趣的人越多，视频被传播的概率也就越大。就像前面说的两个选题，对第一种感兴趣的人大多是对健康比较关注或对科学好奇的男性人群，而情感类的话题却覆盖所有人。

因此，在账号涨粉阶段，最好选择基数更广、大众更感兴趣的话题，而到了后期则可以选择一些相对来说垂直的、对粉丝有价值的话题。因为前期吸引来的粉丝后来在你的账号里看不到自己感兴趣的话题可能就会取关，而后来吸引的垂直类用户才更有利于转化和变现。

3. 把握节点，与当下热点话题相结合

做内容的人都知道，我们往往会做三类选题：一是常规性选题，二是热点选题，三是长期性选题。常规性选题与账号的定位有关，一般在我们前期规划内容时就会明确账号是哪个方向的，这个方向涉及的选题会有哪些，我们应该做哪方面的内容。假如我们做了一个以女性为主体的账号，那这个账号的内容就会涉及情感、工作、自我提升等方面，然后根据每个方面细化出大家感兴趣的话题。

热点话题与当下发生的热点事件有关，一般热点话题注重速度和时效性，非常容易火爆。例如，俞敏洪的一段关于女性的言论引起了全民讨论，有账号针对此事件进行了评论，结果引来百万点赞。与此同时，抖音一般针对节假日会有相应的挑战活动，多多参与这些活动也有利于视频的传播。

长期性选题一般是长期持续的或者说是系列的，抖音上的内容生产者也可以尝试。

4. 选题要反复优化打磨

在最初策划选题时，一定要找到用户的需求点、涉及的梗或一些关键词等，最好将它们都列出来。另外，在做选题时最好与周围的人进行讨论，多让别人提一提想法和意见。

5. 积累素材库，多在其他平台找创意

在选择视频内容时，可以将微博、微信、知乎等各种内容平台作为素材库，多在上面找灵感。一般在其他平台点击率高的内容，放到抖音上点击率也会高，更何况微信等平台是封闭性平台，只有关注的粉丝才会收到推荐的内容，且只有转发才能促进传播，所以这种内容在抖音上火的可能性更大。

另外，可以将历年各平台的爆款内容整理出来列成表格，将其作为工具箱，在创作内容时随时参考。

6. 建立灵活的选题机制

很多抖音运营团队都会有相应的选题群，平时除了讨论选题外，还可以将看到的比较好的选题和玩法分享到群里一起讨论，看看如何借鉴别人的内容做出更火爆的选题。

内容工作者都知道选题策划的重要性，如果没有设计好选题就随便操作，往往会让做出的内容跑偏，甚至无法体现其亮点。需要注意的是，一般在选题策划阶段也会做出相应的时间计划，如一个视频什么时候发布、需要几天才能完成等。

八个内容模板，创作出好内容

对于一个成熟的抖音账号，在摸索一段时间后一定会有自己创作内容的方法。一般来说，一个内容的商业价值主要由以下三个参数决定：

（1）持续度。一套方法能持续用多久？

（2）原创度。一个账号能在多大程度上体现自己的原创内容，而不是用别人的视频。

（3）相关度。视频内容与用户是否匹配，用内容来引流、变现的能力如何？

要想持续生产优质的原创内容，就要找到生产内容的方法，建立完善的内容生产机制。

我们通过研究抖音上的优质视频，归纳出了以下几种方法。

搬运法——搬出来的火爆视频

前面我们在介绍流量玩法的时候简单提到过搬运，那抖音上的内容是怎么搬运的呢？

1. 将国内其他平台或国外视频网站上的视频搬运到抖音上

现在已经出现了在搬运内容时专门去水印的软件。

2. 将微信朋友圈里的火爆内容搬运到抖音上

有人专门关注微信公众号上阅读量10万以上的内容，看到火的内容就将其做成视频的形式，上传到抖音上。

3. 将电影、电视里的经典桥段搬运到抖音上

在抖音上我们经常能看到一些电视剧或电影的经典桥段，如《都挺好》里苏大强的桥段。

4. 将广受关注的名人视频搬运到抖音上

抖音上有很多关于马云的视频，大多是从以前的视频里剪辑出来的。吴晓波频道里放的一些视频，基本上也是从之前在爱奇艺上播放的视频里剪辑的。

搬运法简单易操作，在监管比较松的情况下，可以做到有效吸引粉丝，但是对于账号的长期发展却不太有利。只有持续生产原创内容，才能让账号不断发展。

模仿法——模仿也是一种微创新

模仿，使抖音上的内容有了疯狂传播的魔力。一个话题或一个梗如果非常受欢迎，就会引起全民模仿，如海草舞等。一般在抖音上，模仿有以下两种形式：

1. 随机模仿

随机模仿，即看到抖音上比较火的视频后，按照原样拍一个。例如，早上醒来发现家里多了一只猫的视频，就有很多人模仿。

2. 系统模仿

系统模仿，即找到相同领域的账号，对其套路和桥段进行分析，然后模仿拍摄，像“慧慧周”的账号就是参考“黑脸V”做起来的。

前期在抖音上模仿做视频，很容易找到“抖音感”，能使自己更快地融入抖音。另外，模仿增加了创意的来源，更易植入品牌和产品广告，增加与产品的相关性。

例如，在抖音上有段时间比较流行“爱的抱抱”，有几个大学生就很会玩，下过大雪之后堆了一个雪人，然后就开始和这个雪人玩抱抱。这种方法就是根据比较流行的元素，在其基础上玩微创新。

四维还原法——学的不是皮毛而是精髓

有些模仿类的视频只能模仿人家的皮毛，却模仿不了人家的精髓。所以，单纯模仿未必会让视频走红。那到底该怎么做才能学到人家的精髓呢？现在我们讲讲四维还原法。

四维还原法是通过拆解还原的方式来学习爆款视频的精髓，然后根据得出的经验创作自己的视频。例如，针对“暖男先生”（郭冬临）里面一个点赞量较高的视频，我们做了如下拆分和还原。

还原内容时要将整个视频的文字写下来，其中包括标题、音乐、画面和台词。

（1）标题：这世界上好姑娘有的是。

（2）音乐：暖男先生创作的原声。

（3）形式：剧情式，小胖坐在地上大哭，一群人围观，郭冬临上去询问，小胖哭着回答，而后郭冬临带来小胖的妈妈。

（4）画面：需要突出时，中近景，构图至上半身；远景，构图至全身，由远及近的人物渐进镜头。

（5）台词。

郭冬临：小胖，哎呀，快起来，快起来，快起来，怎么了这是？

小胖：我女朋友不要我了（哭）。

郭冬临：这世界上好姑娘有的是，咱们再找呗！

小胖：找什么找啊？她们满足不了我的条件。

郭冬临：你有什么条件啊？

小胖：能爱我，疼我，永远不离开我，然后我不论是穷还是富，她一心只有我，给我带来一个温暖的家。

路人1：这条件，谁能答应你啊！

路人2：活该你单身！

郭冬临：小胖，找着了，就是这个人，她疼你、爱你、永远不离开你，不管你是穷是富，她都能给你一个温暖的家 。

小胖妈：孩子，咱们回家吧。

小胖：妈！！！

通过一层层分解视频的构成要素，你发现了什么？

（1）这个视频想表达什么？表达给谁看？

（3）视频为什么会选这几个场景？

（3）视频播出之后预期效果如何，谁会产生反应？

如果你暂时还没有答案，可以点开评论看看。在几万条评论里，我们翻阅前几百条发现，以下三类评论最典型。

（1）转发并评论：“感动，世界上最爱自己的人就是妈妈。”还有的人看哭了，说：“郭老师又骗我眼泪。”

（2）“挺喜欢郭老师的作品，每一个都精彩。”

（3）“母亲节快乐。”

从这些评论里，我们能发现以下秘密：

（1）做出第一类评论的是年轻人，他们看到视频会被感动，想起自己的妈妈。

（2）做出第二类评论的是郭冬临的忠实粉丝，他们几乎每一条内容都会看。

（3）在母亲节这一天，这个视频被重新推荐，很多人刷到后会转发。

其实，通过研究我们会发现，抖音上的主要用户群体是年轻人，而年轻人正面临恋爱和失恋的问题，因此对这类内容比较敏感，关注较多。而视频巧妙的地方在于设置了一个反转，像小胖这种择偶标准，这样无条件爱他的只有自己的妈妈。另外，郭冬临的忠实粉丝对他的每一个视频都会关注，从而为他积累一些原始的粉丝。这类粉丝中很多人已身为人母，而且更多的是每一个人也都有一位这样无私的母亲。对于第三类评论，可以看到抖音会根据话题内容结合时间点再次传播，从而为视频带来更多的播放量。

现在我们再来回答前面提出的三个问题。

（1）这个视频表达的是：百分之百付出的恋爱是不存在的，只有父母对你才有无条件的爱。这个视频是给年轻人，甚至是每个人看的。

（2）视频通过小胖一开始的号啕大哭来增强情绪，而后通过对话引出话题，最后通过“找着了，就是这个人”这句话，意外地让人们看到这个人就是母亲。视频用三个主要场景，通过剧情演绎的方式来表现，丰富了视频的层次感。

（3）视频因为结局设置很巧妙，出乎意料，又戳中人心，因此很容易火。

总之，通过对一个个爆款视频进行层层分析，我们就会深得其中的精髓，从而创作出更加精彩的视频。

场景扩展法——不怕你想不出创意

场景扩展法是指根据目标群体，快速找到内容方向。

假如目标群体是 10 ~ 18 岁的孩子：

（1）先画一个九宫格。

（2）以 10 ~ 18 岁的孩子为主体，找出与他们相关的八对核心关系，如图 4-1 所示。

家长	家教、阿姨等家庭角色	老师
爷爷、奶奶等家庭角色	**10 ~ 18 岁的孩子**	校长、主任等校园人物
兄弟姐妹	别人家的孩子	同学

图 4-1　目标群体的核心社会关系

（3）分别以八对关系为核心，找出八个好玩或有冲突的沟通场景。

（4）根据以上列出的 8×8=64 种场景，分别列出三段对话。

那么，针对孩子和家长这一核心关系，有哪些细分的场景呢？我们试着画出下面的九宫格，如图 4-2 所示。

上学	吃饭	玩游戏
家教	**孩子和家长**	做家务
出游	拜访亲戚	购物

图 4-2　孩子和家长这一关系的细分场景

围绕上面提到的八个场景，对每个场景设想出三段对话。相信用这种方法，内容就会多得用不完。

代入法——找准场景，大胆想象

很多品牌做抖音时会觉得找不到创意，不知道从何入手。试想一下抖音上“僵尸桥”的玩法，其实晃桥的桥段并没有变化，只是每次的细节，如游客的反应等有了不同。

我们可以先构建一个代入法的场景，把人物放入这个画框里，然后不断添加各种元素。以卖车为例，从在街头发传单，电话邀请顾客，在店里接待顾客，讲解车的功能，顾客试驾汽车，谈价格，办理保险，签订合约，交车仪式，到对车保养维修等场景都有精彩的故事发生，相信在每个场景里都能找到相应的题材。

代入法的具体操作步骤如下：

（1）找出涉及的各个场景。

（2）从场景里挑出有冲突或有趣的点，做成画框。

（3）在做成的画框里，不断改变背景、场景、人物、宠物、梗等。

总之，利用这种方法可以源源不断地创作出很多视频。

翻转法——让你出乎意料

在抖音里，翻转、反差类视频也很容易火。翻转的剧情会产生对比，一产生对比就会形成反差，有了反差就会带动情绪，有了情绪用户就容易产生冲动，一有了冲动就会用某些行为来释放，所以点赞、转发、评论就会紧随而来。

翻转法的步骤是：

（1）找到一个参照物。

（2）用一种最有反差的方式来对参照物进行表演。

（3）设置翻转时间，如前翻、中翻或后翻。

（4）起一个翻转感强的标题。

另外，翻转类视频还可以翻转里面套翻转，这样更能增加戏剧冲突。

嵌套法——层层故事，不怕没意思

在抖音上，我们经常发现一些视频由于缺乏信息量、没有吐槽点、不耐看而导致传播性差。遇到这种问题时，我们可以采用嵌套法。

嵌套法就是在一个故事里面再套一个故事，具体的操作方法是：先写一个故事；再写第二个故事；利用一个嵌入点，把第二个故事安排在第一个故事里；按照以上方法，将新故事不停地往里面套。

我们举一个例子来讲解。

一位老板对员工说："我跟你商量一下这个方案怎么改。"

员工态度很好地说："好的，老板，你说怎么改就怎么改。"

老板又说："我是跟你商量一下，这个方案的修改问题。"

员工继续用很好的态度说："好的，老板，都听你的。"

老板面露不悦地说："不是我说怎么改就怎么改，公司请你来，你得有自己的想法。知道吗？"

以上是一个故事，我们还可以在此基础上利用一个嵌入点，继续嵌套。

坐在这位员工背面的同事听到了他们的对话，并暗暗地记在心里，告诫自己一定不能这样做。

老板转身又来找这位同事商量方案："对了，你的这个方案我们也商量一下。"

这位同事突然起立，抓起办公桌上的一个文件一摔，说："没得商量，不改！"

以此类推，不停地给内容加剧情，然后还可以在评论里设置："我就是这个方案的甲方，不改试试，顶上去！"

利用这种嵌套法，适当增加办公室里老板让员工修改方案的各种应对方法，可以让剧情丰满起来。这种职场人士熟悉的情景，既容易引起共鸣，又增加了吐槽点，提升了视频的可看性。

动作刺激法——让粉丝们疯狂点赞

做抖音视频的重要目的，就是让用户观看、看完、点赞，甚至评论、转发、关注。要达到这个效果，就要不断问自己：怎样才能刺激用户看完视频，甚至多看几遍？怎样刺激用户看完后点赞？怎样刺激用户看完后写评论？怎样刺激用户关注账号？

先说用户为什么会看完视频，甚至会重看？好看的视频往往在以下几个方面做得比较出色。

（1）结尾的一句话很精彩。有些视频看完后让人意犹未尽，往往是因为最后一句话点题到位，一下子说到了人的心坎里。

（2）看到最后竟然流泪了。视频的内容非常感人，情绪强烈，让用户深有同感。

（3）结局出乎意料。让人意想不到的结局往往令人印象深刻，比常规的内容更能吸引人。

（4）文案引导。例如，“最后一种方法太绝了”“有这几种特点，说明你老了”。

在策划视频的时候，要想好用什么梗来吸引人观看，怎样设置这个梗，让找到这个梗的用户觉得有成就。例如，一些找亮点的视频就很容易让用户陷入这些套路，既能实现用户多次观看，又能引导用户评论。

我们可以将一些数字、手势等藏在视频里，在最后来一个提醒：“刚才我在视频里提到了 ×× 数字或手势，看看你们谁能找到。”然后在评论里安排一些留言，尤其要对接近答案的给予鼓励。一些魔术类的视频可以故意留下一些小漏洞，然后让用户通过重复播放去寻找，从而使互动得到强化。

那么，有哪些刺激用户点赞的方法呢？一般用户点赞的动机有宣泄情感、自我认同、留个标记等，只要从这几点出发就行。

对于激发抖音用户评论，又有什么办法呢？首先我们要分析人们在看完视频后为什么会评论，一般来说是出于以下几个原因：

（1）宣泄情感——不说出来不舒服。

（2）回答问题——他有自己的见解。

（3）满足社交需求——通过评论来完成互动，建立关系。

对于第一种，就是不断刺激他的情感阈值，持续刺激他，让他感到痛苦，或者感到欢乐。

对于第二种，就是要让他发现问题，有自己的答案，并期待别人对他的答案给予肯定。

对于第三种，就是要让他说出自己的看法，展开进一步交流，甚至发生更多的关联，满足其社交的需求。

那么让用户关注账号的方法是什么呢？就是关注你的账号有价值，这个价值可以是学到东西，也可以是获得快乐。

以上讲的几点可以归纳为表 4-1，大家不妨试一下。

表 4-1　激励用户互动的方法

动作	动机				
	注意力吸引	情感宣泄	自我肯定	害怕失去	其他
播放	好奇、疑惑、强烈吸引的刺激				
点赞		自我认同刺激			
评论			答案刺激		
关注			身份认同激励	后续内容刺激	

重在创新，三个技巧让视频与众不同

前面我们讲了一些选题确定和内容创作的方法，但是只会创作内容还不行，还要会创新，只有具备创新元素的视频才可能与其他账号拉开距离。那么，怎样才能做到内容创新呢？

1. 对立创新，让人耳目一新

具体的操作方法是：我们可以从抖音上选取几个同类的爆款视频，拆解出里面的爆款元素，然后变更某个元素，与之对立。例如，若爆款视频里的角色为男的，你可以换成女的。“黑脸V”是技术流的代表，而“慧慧周”就是将其身份变成女的，重新开了一个账号，但同样大火。

需要注意的是，使用这种方法时，只变更其中一个或少数几个元素即可，其他爆款元素最好不要变。

另外，还有一种方法是选几个一般火爆程度的视频，将里面的常规元素予以更改，使其与常规思维形成对立，从而产生出其不意的效果。例如，大多数美女都是穿梭在都市里的时尚女郎，而将一个这样打扮的人放到农村的环境中，就更容易火。

2. 集成创新，增加爆款元素

这种创新思维的做法是：选几个同类的爆款视频，拆解里面的各种爆款元素，将可以重新组合的爆款元素叠加，去掉里面的平庸元素。这种视频因为爆款元素密度增加，更容易成为爆款。例如，对口型的视频非常容易被传播，如果将对口型的人换成一个明星，相信视频更容易火爆。

3. 差异统一，处理好差异和统一的关系

在创作视频时一定要注意兼顾差异和统一。差异是指与别人的差异，只有与别人有了差异，才能被人们记住、有更少的竞争和无限的成长空间。统一是指与自己的风格形成统一，如果在运营账号时发现用户对某个类型的视频比较感兴趣，那就可以持续更新同类内容，以强化品牌和人物的价值。一旦账号的风格形成，最好不要对关键元素进行频繁的改变。

例如，“商业小纸条”是一个通过说段子的方式来讲解商业知识的账号，为了增加视频的多样性，该账号试着加入了说唱的形式。虽然说唱形式一时带来了更多的点赞，但是账号掉粉情况十分严重，粉丝们纷纷留言表示不能接受。其实仔细分析可知，这类商业财经号的粉丝原本是来学习知识的，重要的在于用有趣的形式将内容讲明白，而说唱形式过于追求押韵，而且语速较快，很难将内容讲清楚。

因此，在内容创作上既要追求新奇特，又要保持资深账号的定位和内容的统一性。

确定形式，输出文案和脚本

前面我们已经讲过抖音上常见的几种视频形式，有真人出镜的，也有图文式的，有单人脱口秀式的，也有双人互动式的。当我们确定了选题和大概内容后，就要选择表演形式，然后根据形式输出相应的文案和脚本。

别以为抖音视频时间很短，脚本创作起来很容易，其实越是简短要求就越高。以下几点是在创作文案时需要注意的。

1. 拒绝乏味无趣

在创作抖音内容时一定要记住：不要无趣！不要乏味！尽量用感染力强、当下流行的用词，平淡无奇的描述肯定无法吸引用户的关注。

2. 有梗有料有用

内容里要么埋好梗，要么有足够的料，要么就十分有用，这是在写文案时要非常注意的地方。

3. 精简精简再精简

抖音15秒视频不过100字，60秒视频不过300多字，啰唆无用的字词只会占用更多的时间，反而得不到更好的效果，所以在写文案时一定要注意精简。

4. 调动用户的感情

前面三点比较好理解，我们在这里详细讲讲第四点。

在创作文案时一定要想办法调动用户的感情，使其与你产生共鸣。具体的做法是：在一个场景里找到用户的一个痛点，然后针对这个痛点表达我们的看法，在感情上触动用户，让他们产生共鸣。例如，在一个大城市里，身边的过客匆匆，一个人拖着疲惫的身躯回家，这种画面能激起很多在外地打工的人的共鸣。

一般容易引发用户共鸣的感情有：支持、批判、反击和鼓励。

（1）支持。例如，阿迪达斯“这就是我”的系列广告，就是利用年轻人常常被指责为傲慢、轻浮和幼稚的情况，在广告里直接表明态度——“太不巧，这就是我”。年轻人在看到这个广告后，就会被唤起心中同样的情绪，然后在情感上认同这个品牌，站在他们那一边，这样阿迪达斯就获得了更多年轻消费者的市场。

（2）批判。社会上存在很多不合理的现象，如猫狗被虐、随手扔垃圾、破坏环境等。假如能很好地展现不合理的现象，并站在用户的角度批判这些现象，就会被用户们信任。

（3）反击。针对生活中朋友不还钱、室友惹人烦、司机太粗鲁等很多人看不惯的行为，如果能站在用户的角度反击这些不好的行为，让用户看后觉得愉悦和解气，就能让他们产生好感和共鸣。

（4）鼓励。例如，很多人都有拖延的坏习惯，如果你能鼓励他们，让他们克服内心的障碍，采取某种积极的措施，就很容易引起他们的共鸣。很多成功学演讲就是利用这种心理，让人产生共鸣的。

表演、拍摄视频，一点都不难

有人把快手比作一个大广场，无论是想跳舞还是想唱歌，甚至是聊天说段子，只要搬一个凳子过来就可以了。而抖音则像一个剧场，既然是剧场，就对表演能力有要求。在抖音里，很多模仿类和翻拍类的视频，剧情内容和台词几乎一模一样，最大的区别就是出演角色的不同。

1. 夸张是抖音的表演形式

在前面我们讲过，抖音视频的表现形式有真人出镜的，也有非真人出镜的。而要论起表演，肯定是针对真人出镜的类型。

以打造 IP 和人格化标签为目的的账号，在选择角色时肯定是将人设作为主角，且几乎期期出场，其他角色则根据视频内容来定。对于表演风格，我们看到抖音里的人物个个是戏精，他们通过夸张的表演和独特的造型来吸引观众的眼球。另外，抖音短视频本身的特性决定了内容创作者应采用浮夸的演技、具有感染力的语言和丰富的面部表情，从而在最短的时间内让用户停留。

需要注意的是，既然是视频的表现形式，那么被拍摄的人物必须镜头感好，有一定的表演能力，甚至还是人们乐意接受的形象。最重要的是，抖音短视频是竖屏，且时间短，人物的头部特写就比较明显，所以表演人要灵动，表情和动作可以稍微夸张些。

2. 拍摄是一门技术活儿

抖音视频除了要内容好、演得好以外，还要拍得好、剪得好，一些拍剪效果好的视频能瞬间与那些普普通通的视频拉开档次。例如，“Emily_Z”在舞蹈挑战话题中发了一个“手机倒过来看水中漫步”的视频，这个视频的精彩之处在于一位潜入水底的游泳者忽然倒翻，在水中倒着行走。

这种带有张力和渲染力的视频，很容易让人产生惊喜，忍不住想去点赞。掌握好拍摄手法、懂得玩镜头，十分有利于涨粉和引流。抖音短视频时间较短，无论是搞笑风、动感风、无聊风、感人风还是调侃风，都要在很短的时间内将视频的主题表达清楚。

（1）拍摄视频需要的设备。主要的拍摄设备：手机、单反、微单、迷你摄像机、专业摄像机。随着科学技术的发展，专业拍摄设备越来越多，如专业单反、专业摄像机等。不过现在抖音上很多内容生产者用的还是智能手机。现在手机的拍摄功能和美颜功能已经非常强大，就连上了岁数的老人也能应用自如。

（2）拍摄视频的注意事项。

- 拍摄时手不要抖动，要注意对焦。
- 在抖音上不管用什么手机拍摄的视频，上传后都会被压缩，因此画质都比较模糊。一些大 V 都是用单反、DV 拍摄剪辑好导入的，所以看起来比较高清。

- 手机拍摄时记得将分辨率调到最高，假如你用的是 1080P 的手机，就要调到 1080P 的分辨率。
- 后期的修改剪辑十分重要，如果无法拍出连贯的视频，可以通过剪辑工具，一小段一小段地剪辑合成，如快剪辑、专业的 Adobe Pro，最好都要会用。
- 如果只有自己一个人拍摄、制作，那么可以借助手持稳定器。现在手持稳定器的功能都比较强大，可以人脸识别、自动转向、自动补光、美颜拍摄等。

（3）场景布置。一些需要真实场景的，尽量在真实场景里拍摄，但是也有一些视频尤其是单人脱口秀式的，可能需要搭一个背景。一般情况下，场景的布置只需要两盏灯和一个深色的布。如果是固定场景，则需要两盏灯、背景纸、三脚架、相机或手机。不是固定场景的，只需要有明亮的灯光就行。拍摄时需要注意光线，既不要太亮，也不要太暗。

拍摄时背景选纯色的会比较好，如颜色较深的黑色或棕色是最好的，因为深色背景容易让人物特征凸显出来，看起来有层次感。如果不是固定场景的短视频拍摄，则应注意背景要干净，不要杂乱无章。

视频封面，这样选就对了

经过了前面的内容策划、创作、拍剪视频，接下来就该上传视频了。在上传视频前，我们应该准备好相应的封面、标题和文案介绍。无疑，打开抖音视频或某个账号的页面，首先映入我们眼帘的就是封面。

一个好的封面会带来更多的点击率，对提升播放量有很大的帮助。那么，在做封面时我们需要注意什么呢？

1. 封面最好能直接展现视频的内容特点

一般封面是截取视频中出现的画面，所以为了有更好的点击效果，截取的封面一定要有创意，要结合输出内容的特点。例如，小米手机账号发布的一个视频为“雨天拍大片”，封面就是从视频里选出的大片成品图。图的画面意境优美，很能展现小米手机的功能，点赞量很高。

2. 动态、静态封面的设置

抖音短视频在设置封面时默认的是动态模式。这种封面比较生动、吸引人，让人忍不住想去点开。有些视频内容比较有趣或搞笑，这种时候设置成动态封面能很好地展现视频的内容，增加用户的点击欲望。但是有些粉丝不喜欢动态封面，或者有些专业类的内容比较适合静态封面，所以应具体问题具体分析。

一张好的封面是使视频以低成本获得流量的最快捷径。那么，抖音上的大号都是怎么设计封面的呢？

1. 人格化运营的账号，本人就是最好的封面

很多大号的视频封面其实都是红人本人，这种操作手法简单、成本低，就是直接截取视频里的图。一些专业的运营团队之所以也用这么随意的封面，是因为他们走的是人格化路线，并且自己的风格十分独特，如“多余和毛毛姐”“摩登兄弟”等。如果自己的账号没有特别突出的特色且对自己没有把握，也可以不用这种方式。

2. 产品类账号，直接上产品靓照

抖音上有很多展现产品的账号，如美食类的账号，往往会选择看上去色香味俱全的成品图来刺激用户，从而增加视频的点击率。同样，美妆类账号也适用这种套路。

3. 给封面加文字，让用户一目了然

有些视频内容为了能更好地表达主题，会在封面上加文字，尤其是实用技能类的账号，很多都以标题的形式将文字加在封面上。因为抖音是无法在图片上加文字的，所以需要借助第三方软件，如爱剪辑等。

另外，封面的文字要么简单直白，直接讲明内容的主题，要么有趣好玩，可以增加点击率。总之，一定要有特点。

那么，封面上的文字有哪些设计方式呢？

（1）直接添加文字。最常见的形式就是将起好的标题直接放在视频的前几帧上，让用户一眼看出视频想要表达的内容。

（2）利用固定模板。如果感觉直接在视频上加文字有些粗糙，那么可以专门设计一个模板，将每次的标题替换进去。但是这种方式要注意差异性，不然用户打开主页看到的都是一样的模板，就会难以区分每个视频的具体内容。

（3）贴片式。如果觉得前面的固定模板有些枯燥单一，那么可以采用半模板的贴片式，这样不仅操作起来更灵活，而且能加深用户对品牌的印象。例如，美妆达人“李佳琦 Austin”用的就是这种方式。

（4）遮罩式。娱乐八卦类的账号常采用遮罩式，也就是遮住封面的一部分，再加上标题，这样既能一眼看出视频想表达的意思，又能留一部分视频的封面内容，通过剧照和明星的照片增加视频的点击率。另外，歌舞类的账号也有用这种方式的。

需要注意的是，封面文字的字号一定要大，最好不要小于 24 号，因为醒目的文字能一下子吸引用户的眼球。再者，字数不要太多，最好不要超过 30 个字，否则会让用户找不到重点，没有耐心看下去。最后，文字一定要居中，让用户一眼看到。

总之，一个漂亮的封面是让用户有点击欲望的关键，最好使用固定的风格，加深用户的印象。

一个好标题，让视频的点击率暴增

我们发现，在抖音上未必每个视频都有标题，但是一个好的标题往往会给你带来意想不到的效果。具体来说，标题有以下作用。

1. 封面标题是引导用户点开视频的关键

带标题的视频更能让我们一眼明白这个视频是讲什么。如果一个标题起得好，抓人眼球，那就能吸引人们点开看里面的内容，从而提高视频的点击率。

2. 抖音的算法机制能根据标题推荐更多精准流量

为内容起标题的作用不仅是吸引用户的注意力，更重要的是，标题能让算法明白到底应该匹配哪些精准用户。如果标题的关键词和语句都是围绕宠物来写的，那在第一波的 1000 个流量推荐里，平台就会自动匹配那些喜欢宠物的粉丝。这样的话，相比不精准的推荐，这类视频的打开率、点赞率和完播率等各项数据就会比较高。

抖音上获赞比较高的视频标题主要有以下几类。

1. 人格展示类

这种类型的标题以人格化的形式来表达，更能吸引用户的注意。

（1）直接陈述：将人物的昵称、地点和年龄直接展现出来。例如，一个叫“海蜇”的账号直接用“济南网管小海蜇”作为某个视频的标题。

（2）性格偏好：直接说明自己的性格偏好和日常的工作生活等。例如，“千万别委屈自己”这个标题既能唤起大家的共鸣，又表达了自己的态度。

（3）理想困境：直接表达自己的理想或目前面临的困境，更能引起人们的共鸣。例如，“追不到喜欢的男生怎么办？”直接表达了自己的困境，而且又是以一个姑娘的口吻，很容易让人心疼。

2. 对话沟通类

对话沟通类的标题容易与用户建立起信任。

（1）简单问答：说出自己的困境、烦恼，表明想要寻求答案。例如，“狗狗不定点尿尿怎么办”“怎样才能变漂亮”。

（2）自我示弱：用示弱的形式来唤起人们的同情心，表达自己的痛苦。例如，“都吃这么少了，还不瘦”“又考了不及格，回家一定挨揍”，这种就很容易引起人们的同情心。

（3）人格提升：展现自己温暖、睿智和高尚的形象及价值观，吸引人们的认同和追求。例如，“小区里流浪猫的食物我包了”“我帮环卫工人捡垃圾”，这种标题很容易获得人们的认同。

3. 引导购买类

这类型的标题一般是为了使用户对产品感兴趣，从而达到销售的目的。

（1）用情绪化的口吻，阐述产品的亮点。例如，“也没烤得很焦，料也不多，就是很香糯”“果然肥美至极”，都是用满足的情绪来传达产品的亮点。

（2）结合视频里的内容，直接展现产品的价值。例如，“买衣服就会很开心”，直接表达了女孩子购买衣服的感受，同时吸引看视频的人也来买衣服。

（3）与热点话题结合，适当展现品牌特性。例如，“正确挑选母亲节礼物，送包！”正好利用母亲节这个热点，与自己的品牌相结合。

在为视频起标题时，我们可以运用如下小技巧。

1. 巧用数字

尤其是比较夸张的数字，比较能吸引人们的注意力，而且给人以专业可信赖的感觉。例如，“炸出来外酥里嫩不焦不烂1份11元”“8年消灭100000斤脂肪”等。

2. 带有情绪

带有情绪的标题能马上感染用户，让人忍不住点开。

3. 善于用第二人称“你”

第二人称容易让用户产生代入感，拉近与用户的距离，觉得这个事情事关你我。

4. 善于利用高流量热词

结合一些节假日热点和热门事件，选用流量高的热词，如“6月的毕业季”“春节过年”等。无论是内容还是标题，蹭热点永远是获得高流量的不二法门。

一般来说，知识技能类的账号最好都带标题，因为这类账号粉丝的目的性较强，看这类视频就是为了获取某些知识，标题相当于提炼了卖点。如果标题里展示的信息都是粉丝感兴趣的，那不用说，点击率肯定高。

各类抖音视频文案怎么写

好的文案能对视频内容起到画龙点睛的作用。洋葱集团的内容副总裁鲍泰良曾讲过：“文案对于视频就像调料一样，再厉害的大厨离开了调料也很难做出好吃的东西。”如果视频内容一般，好的文案可以让其出彩；如果视频内容本身质量够好，那好的文案更是锦上添花。

我们在前面讲过，要想吸引用户观看、点赞甚至转发，就要让视频内容有强烈的共鸣。无论是支持、鼓励，还是反击、批判，都要与用户在情感上产生共鸣，触动他们的感情。我们下面就针对叙述、互动、悬念、恐吓、段子、共谋等类型的视频，讲一下文案该怎么设置才能让用户产生好感。

1. 叙述类

对于叙述类内容，如果平铺直叙就会缺少互动感，因此可以选用带有场景感的故事或段子来讲述。例如：“一个环卫工人在寒冷的冬天的早晨，和老伴你一口我一口分享早餐。幸福不在于你的日子苦不苦，而在于你的心里甜不甜。感动！”这样将一个环境很恶劣但心里很温暖的温馨场面描述出来，让人犹如置身其中，很容易产生共鸣。

2. 互动类

互动类的内容为的就是调动起人们的情绪，所以可以用一些开放性的问题，激发用户的思考和回答。例如，“你看到了什么，评论留言给我”“你喜欢哪个”，这类问题性的文案可以引导用户去互动，从而收到比较好的评论效果。

3. 悬念类

悬念类的内容在最后一秒设计反转，可以延长用户在页面的停留时间。这类内容就要配上相应的文案，如：“最后一秒有惊喜”“看到最后颠覆你的三观”“最后笑死了，哈哈哈哈”。

4. 恐吓类

恐吓类内容在广告里经常被利用，一般是通过展现某些不好的行为或现象，让人产生不安的心理，然后提出相应的解决方案，也就是自己的产品，从而达到刺激消费的作用。抖音视频中也可以利用人们的这一心理，从日常生活中的常见现象入手，例如，“每天都敷面膜，你不害怕吗？”“我们每天吃的食物，你真的了解吗？”

5. 段子类

段子类视频内容本身比较出众，因此只要文案与主题相关或有比较强的场景代入感，一般就会收到比较好的效果。

6. 共谋类

宣扬励志、真善美等内容的视频，很容易激发人们变得更好的愿望。例如，“4个月从150斤瘦到110斤，再从110斤到96斤，原来我们都可以”。因为每个人心底都有变好的愿望，所以共谋类视频很容易激起人们的参与感。试想，谁会拒绝变美变好呢？

7. 电商、广告类

在电商、广告类内容中，需要时刻注意的是，所有的内容引导最终都是为了变现，所以在文案的设置上一定要与转化率挂钩。因此，在写这类内容的文案时要抓住粉丝的痛点，营造合适的场景，然后通过细节描述，表达可以给粉丝带来什么好处。例如，“小西装这样搭”这句文案虽然看似简单，却能吸引有需求的人点击观看。

总之，无论哪种类型的视频，都需要有一个好的文案，这样才能让视频更有感染力。我们经常在抖音上看到一些火爆的视频如果去掉文案真的很普通，但是正因为有文案的点题，立马让视频生动有趣起来。

视频发布，音乐、特效、表情包为内容添彩

我们知道，在抖音上发布视频内容时并不是简单地把拍剪好的视频直接上传，而是在上传的时候要增添更多有利于传播的因素，如音乐、特效，甚至表情包，让看似普通的视频更生动、更精彩。

1. 音乐

只要是玩抖音的人都知道，视频的走红是与动听的背景音乐密不可分的。一个本来不太吸引人的视频，只要配对了背景音乐，瞬间就会被疯狂传播。无疑，抖音是一个发布音乐短视频的平台，要想获得点赞和关注，就必须选好背景音乐。

抖音捧红了很多歌曲和原创音乐，像《纸短情长》《空空如也》《学猫叫》《海草舞》《好嗨哟》等。

在选择音乐时，抖音上有各种可供选择的热歌，从音乐排行榜、飙升榜上能看到，有欧美、激萌、搞怪、日韩、舞蹈、校园、运动、经典、配乐等各种风格的音乐。此外，还可以主动搜索自己想要的歌曲。

需要注意的是，在选择音乐时一定要与视频的内容相结合。添加音乐的目的是为了提升视频的可观性，千万不要当下哪个音乐最火就随便用哪个，如果音乐选不对，反而会影响视频效果。

另外，除了可以添加抖音平台提供的音乐外，还可以添加自己创作的原声，增加独特性和辨识度，更好地传达自己的想法。

2. 特效

一些点赞超过百万的视频不仅是背景音乐选得好，而且特效也用得非常棒。在抖音发布视频时运用特效的方式有两种：一种是抖音自带的视频和滤镜特效，另一种是利用视频特效 App。

抖音自带的特效包括滤镜特效和时间特效。滤镜特效里的“灵魂出窍”“抖动”“粒子”“线性”“幻觉”“70S”“X-Signal”都可以带来非凡的效果。在时间特效里，“时光倒流”用逆时序的方式呈现，给人一种时光倒流的感觉；“反复”通过重复一个动作，用于突出和强调；“慢动作”将动作放慢，通过夸张和特写的方式让人们更清晰地看清视频呈现的画面。

同时，抖音的美颜功能特别强大，可以使视频拍得更美。

除了抖音自带的特效外，很多创作者还喜欢利用一些特效 App，将视频制作得更有震撼力。如 VUE、Quick、美拍大师、Slow Fast Slow、Action Movie FX，都是很好用的软件。

在拍摄抖音视频时，还可以借助视 +AR 等软件，通过虚拟现实，呈现出 3D 大片的效果，让视频更炫酷、更闪耀。

3. 表情包

除了前面说的音乐和特效外，抖音上还有各种热门的表情包，如熊猫头、蘑菇头和满屏爱心等。蘑菇头表情包由蚊子动漫出品，形象出自《小鱼儿生活记》这个原创漫画。由于这个漫画的火爆，也让蘑菇头表情包大火。

在制作或上传视频的过程中，适当添加表情包可以增强视频的生动效果，而且由于广大用户对表情包的含义比较熟悉，所以也会让视频传达的意思迅速被用户感知，拉近与用户的距离。

综上所述，我们要恰当地利用音乐、特效和表情包等功能，让我们的视频内容更受大家喜欢。

发布时间和频率同样重要

一个健康的内容账号，一定要掌握好合适的发布时间，保持稳定的更新频次。

我们在前面提到过，刷抖音的午高峰是12—13点，晚高峰是18—19点，夜高峰是21—22点。那么，要想让自己的视频获得最大的曝光量，到底该选在什么时间点发布呢？

有数据显示，在饭前和睡前看抖音的用户占62%，而只有10.9%的用户是在路上和上厕所等碎片的时间里刷抖音。

其实，关于什么时候发布视频并没有一个统一的标准。相较而言，工作日的中午12点、下午6点，晚上9—10点，或者周五及周末晚上，都是大部分人比较闲的时间，可以考虑在这些时间发布。

真正适合的发布时间是经过自己不断摸索得出的，早午晚高峰统计的只是人们集中观看的时间点，而作为抖音运营者，当你发布视频时，还要考虑你的精准粉丝们在当下的时间点是否具有最佳的观看状态。例如，鸡汤类、情感类内容最好在晚上9—11点发布，因为这个时间段是大部分男女空虚寂寞的时候；而对于职场和励志类的内容，上午8—9点、中午11：30—12：30则是较佳的发布时间段。

另外，一个成熟完善的抖音账号一定要保持稳定的更新频次，这也是账号能够持续涨粉的重要原因，同时也是抖音官方评判账号质量的重要标准。

这里强调的稳定，一是内容频次的稳定，也就是说，无论哪个阶段，基本上每天更新的条数是稳定的，不能一下子一天更新十条，又十天一条也不更新，这样会让粉丝或抖音官方认定为这是一个很不健康的账号。二是时间方面的稳定，抖音运营者在摸清最恰当的视频发布时间后，最好将更新时间固定在一个时点，这样容易培养用户习惯，让他们到点就去观看。

下面我们来看一下具体的时间运用技巧。

1. 利用视频内容强化特定时间

（1）每天固定时间推送，让用户养成定时观看的习惯。

（2）强化时间线，在视频里对用户讲明今天的视频怎样，昨天的视频如何，强化用户感知。

（3）强化视频的期数，对视频期数有一个编号，也可以在视频里讲明此次视频是第几期，下一期怎样。

2. 利用个人简介强化时间概念

例如，在个人简介注明“每晚 8 点有个好看的视频在等你”。

需要说明的是，要使账号保持稳定的更新频次，最重要的是要有持续生产内容的能力。如果内容更新跟不上，其他技巧懂得再多，也都是无米之炊。

位置、挑战活动、@ 功能，哪种玩法最好

抖音里有很多功能和玩法，如果运用得好，就可以提高曝光量，甚至达到涨粉和引流的效果。尤其是参加热门挑战活动，如果视频内容足够优质，往往会带来意想不到的效果。位置的运用比较适合本地号，@ 则可以为你带来更多的互动和关注。下面我们来详细讲解一下。

1. 位置

在抖音上发布视频时，可以添加地理位置，将其作为一种上热门的办法。抖音除了有比较大的热门事件外，还有一些诸如本地热门的小热门。即使登不上本地热门，通过添加地理位置，视频也会获得不小的播放量。那么，什么样的视频适合添加位置信息呢？

（1）与本地相关的视频，诸如本地的美食、美景和店面信息等，可以添加地理位置。

（2）账号初期播放量比较少时，添加本地地理位置可以增加曝光量。

添加位置信息对于本地商家来说尤为有利，可以将其作为广告的一种方式，而且还能有效避免抖音官方的惩罚。需要注意的是，在添加地理位置时，最好不要将地点范围设置得过小，如可以定位成 ×× 市，这样影响的范围够大，还比较容易上本地热门。

不过，地理位置是一把“双刃剑”，并不是所有账号、所有时间都适合添加，否则很容易将视频禁锢在本地小热门而错失上大热门的机会。

2. 挑战活动

挑战是抖音官方或用户发起的活动，用户在发布视频时可以将其添加进去，这样也就代表参加了活动。

如果在发布视频时没有想要参加的挑战，那么可以自己创建挑战。例如，一些商家为了扩大影响力，会针对特殊的日子或另类玩法，发起一些挑战活动，同时设置一些奖品作为奖励。在参与活动的账号中，往往点赞量越高的账号获得的排名越靠前，自然影响力也会扩大。除了点赞量以外，评论量、播放量和转发量也是重要的考核因素。

在发布视频时，每个账号都可以根据自身的情况，适当参与或发起挑战活动。

3. @ 功能

在抖音上发布视频时，如果需要，还可以 @ 别人。@ 功能一方面可以增加互动，引起对方的注意，另一方面能增加流量和曝光度，也是一种有效的运营技巧。如果自己的好友中有一些关系不错的大号，则可以互相 @，实现引流。

另外，几乎每个账号都关注了抖音小助手，如果想提升被推荐的概率，增加上热门的机会，则可以在发布视频时 @ 抖音小助手。

抖音中的一些小功能如果运用得巧妙，会产生意想不到的效果，所以各位抖音运营者一定要多多研究和尝试。

评论互动，有时评论比视频更精彩

很多用户表示，打开抖音的正确方式是边看视频边看评论。有些视频看似很普通，但是却因为精彩的评论赚足了赞和点击量。在抖音上，用户通过看评论能找到共鸣，发现新知，还能收获笑话，因此抖音运营者一定要利用好评论功能。

抖音的评论功能既可以用来与粉丝互动，也可以作为视频内容的补充，增加点赞量和曝光率，还可以用来引流。因此，在上传完视频内容后，千万不要忽略后期的评论管理。

1. 要积极回复粉丝们的留言，与粉丝们形成有效互动

积极回复粉丝可以让粉丝感受到红人对自己的重视，同时抖音官方也会将更多的权限分给愿意互动的账号。在回复粉丝的评论时，如果是问题式的，最好直接回答；如果是感受式的，则可以大开脑洞，讲

段子、卖萌等，只要是与自己的风格一致的，各种神回复招数都可以用上，让粉丝感受到鲜活的人物形象。

2. 引导粉丝们进行评论，增加视频的点赞量和点击率

评论管理不仅包括对粉丝们的留言进行回复，还包括引导粉丝们进行评论。一般做图文或视频内容的公司都有这种经历，文章或视频发布之后，要由内部的人先进行点赞、转发或评论。可是，如果内容质量不佳，往往内部的人都不愿意参与。出现这种情况后，内容工作者不能任其自由发展、自生自灭，而是应积极引导评论。例如，可以让觉得内容不好的人发表自己的真实看法，哪怕是批评："看不懂都拍了些什么"。

所以，在发完视频后，可以借助小号或好友来有效促进粉丝评论，以增加视频走红的概率。

3. 做好引流，评论区同样是带货小能手

在抖音里，凡是美好的事物都让人向往，甚至想拥有。所以，无论是看上去让人食欲满满的美食，还是一身漂亮至极的衣服，都让人忍不住想去尝试。利用人们的这种心理，很多抖音号，如"野食小哥""办公室小野"，甚至很多电商号都将评论作为引流的重要途径。

我们经常在抖音视频评论区看到"求链接"三个字，所以从某种程度上来说，评论区补充了视频在展示完产品后无法进行互动的短板。因此，一些需要变现的号都要好好利用这个版块。

通过研究发现，能使用户积极评论的视频内容有以下三种类型。

1. 疑问和咨询

若视频内容的文案是疑问或咨询的形式，往往会引起用户们参与回答的兴趣。例如，"咱们古牧"发布的一条视频里，一群牧羊犬争相往前跑，只有最后一只慢慢悠悠，时不时回头看，落在了最后面。视频配的文案是：“你们说最后一只在想什么？”结果引来了近万条的回答。

2. 质疑和批判

例如，对随地吐痰、破坏文物、直接插队等行为的斥责，或者是批判近期的热点事件，都很容易引起用户们的共鸣和参与。

3. 赞同和鼓励

例如，在宣扬社会上某些感人、美好、正能量的行为时，往往会引发大家纷纷评论。

做好复盘和分析，快速得知内容优劣

无论是做公众号运营还是做抖音运营，都要对内容及时做好复盘和分析。下面我们就抖音视频的各项指标来做一下简单的介绍。

构成抖音视频的五大要素有：视频标题、视频封面、视频属性、播放体验和视频内容。我们主要针对这几项来做分析和评估（见图 4-3）。

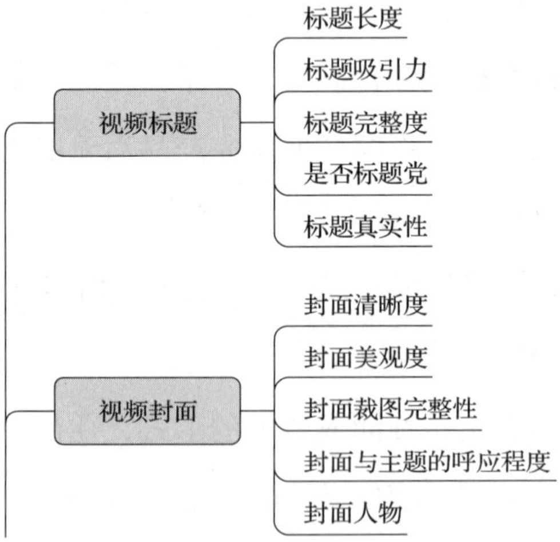

图 4-3 抖音短视频五大要素

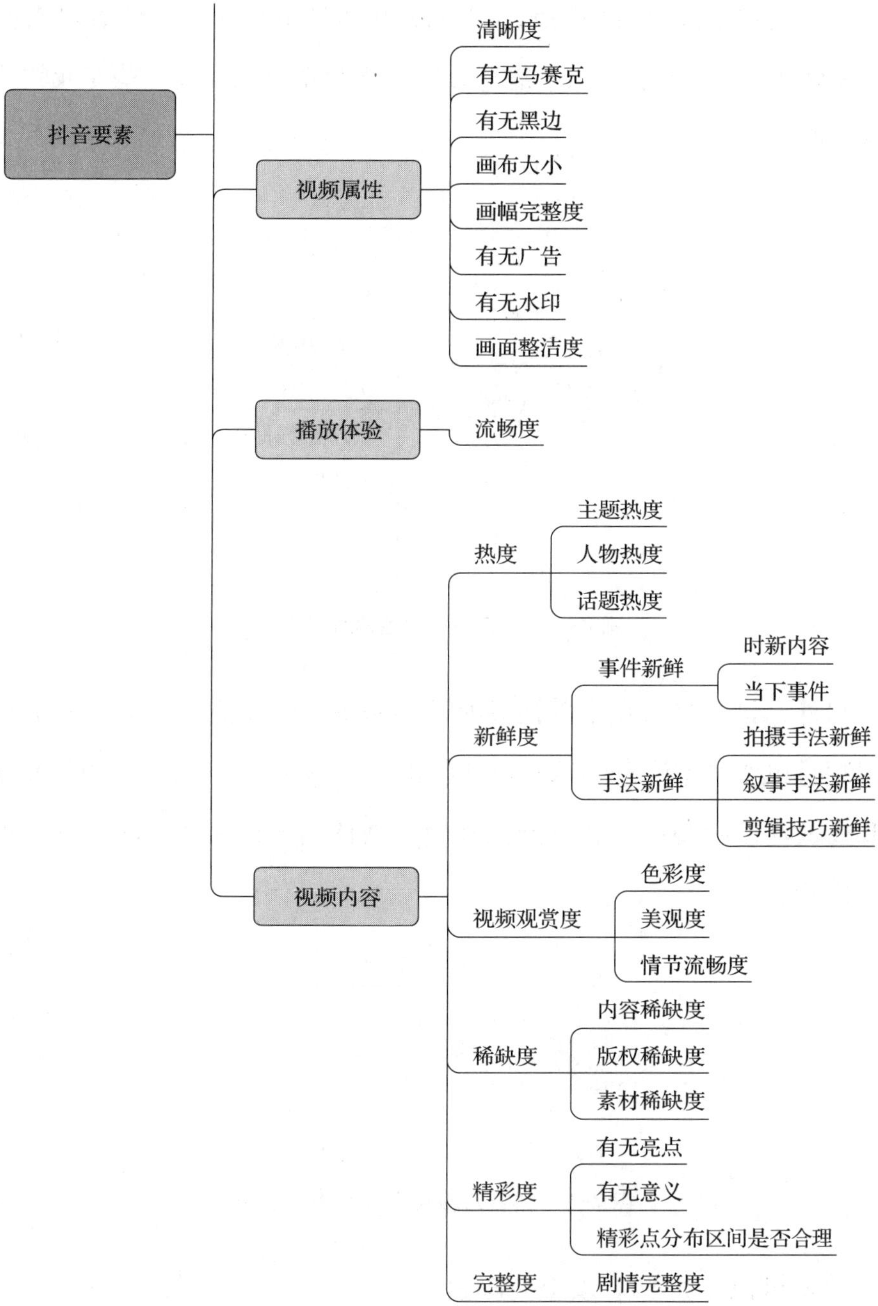

图 4-3　抖音短视频五大要素（续）

除了运用上述综合性的五要素来分析视频的质量外，还可以借助以下客观评估指标（见图 4-4）进行分析，其数据可以通过一些专业软件辅助测评得到。

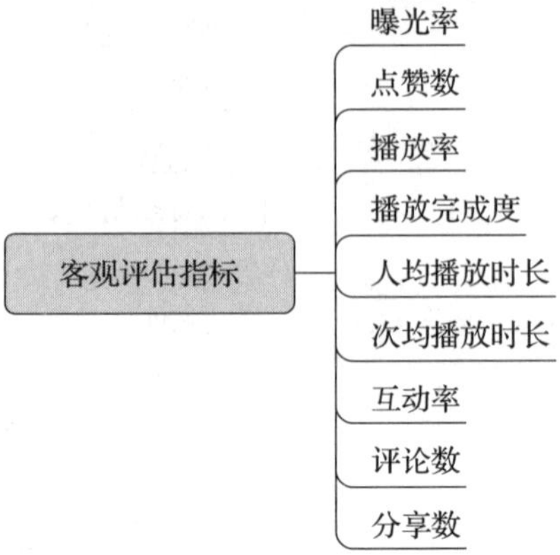

图 4-4　抖音短视频客观评估指标

另外，抖音平台在推荐视频时还会考虑到一些隐性因素，我们在制作视频时也要尽量注意到这些隐性因素（见图 4-5）。例如，加入原创音乐和参与活动的视频，就可能比其他不做任何效果和活动的视频获得更多的推荐。

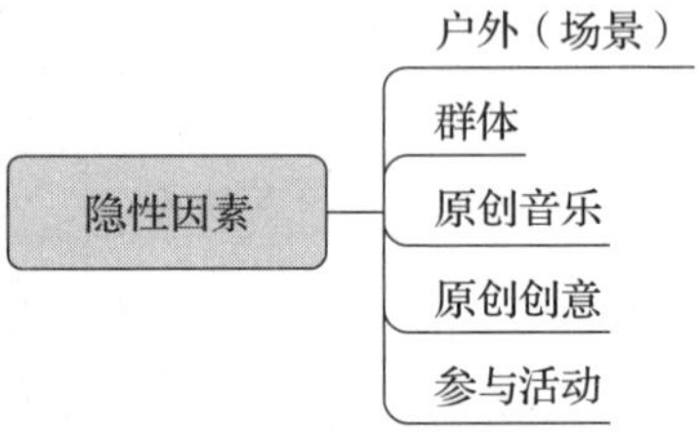

图 4-5　抖音短视频推荐的隐性因素

我们可以分别针对以上几项进行打分，每项以 10 分为满分，然后给出相应的分数，并分析原因，争取下次能改进。

Chapter 5

涨粉、引流，下一个抖音红人就是你

我们要清楚地知道，抖音账号的火爆不仅要靠优质的内容，更要靠后期的运营。抖音绝对不仅仅是一个短视频平台，还是一个短视频社交平台。视频内容的生产其实只完成了50%的工作，甚至是40%的工作，更重要的一点在于运营，以实现共赢。

七个方法，提高关注度和互动率的小技巧

提高账号的关注度和互动率，首先离不开优质的内容、丰富的主题以及持续的更新，这是做好抖音最重要也是最基础的部分，后面一系列的运营和变现都是基于这些条件的。那么除了这些基本操作外，还有哪些小技巧呢？

1. 发动认识的人参与

抖音虽然会将视频推荐给一些是好友的人，但是毕竟有限。除了利用优质内容吸引自然粉丝外，还可以发动认识的人去关注或参与某些互动活动，如邀请社群里的人员、自己的老客户以及亲朋好友等。

2. 用社交平台导流

抖音是一款具有社交属性的App，要想让自己的账号快速涨粉，可以去其他社交平台引流。如果你在微博、微信或其他自媒体平台拥有一定量的粉丝，则可以将他们导流到抖音上，尤其是一些大号，一旦入驻抖音，自然也会有以前的老粉丝跟着迁移过来。

3. 参与话题活动

账号关注度的增加最主要还是靠视频的曝光量。只有视频的曝光次数增加，才有可能被更多的用户看到，进而产生关注。因此，要多多参加抖音平台的话题活动，话题活动的流量一般都非常大，可以带来很好的涨粉效果。尤其是一些能让人产生共鸣的话题，如多人参与的海草舞、C哩C哩舞等。

4. 在评论区发力

我们在前面也提到过，评论区对于互动和引流具有非常大的作用。从抖音制定的运营策略来看，抖音力图以发布者的内容为原始素材，来引发全民交流和互动。因此，要想获得更多的关注和互动，就要多在评论区发力，从而积累用户的关注。

其实，除了在评论区互动之外，还可以拍摄比较有互动性的视频，让用户看到后有与你合拍的欲望。例如，你拍一个吹口气的视频，就可以延伸出很多有趣的玩法；你做一个打拳的动作，别人往一边一倒，就是很好的合拍；你也可以倒一杯水递过来，合拍的人拿一杯水喝一下。总之，可以在视频里预设很多互动的梗，发动大家参与互动。

5. 加入抖音互粉群

无论对于素人还是大咖，互粉互推对于涨粉来说效果都十分明显。尤其是一些才开始做的账号，可以加入一些抖音互粉QQ群。当粉丝增加到一定阶段后，可以找实力相当的人互推，这曾是微博最有效的涨粉方法之一，目前在抖音上也可以利用。

6. 利用主页面背景图做引导

我们打开很多大号的主页面后都会看到类似“是谁这么优秀要关注我”“这个是啥，你点下试试”“养宠物的人都点了关注”等引导语，用户如果觉得账号内容还不错，就会按照引导直接点关注。

7. 自建流量池

无论是哪个平台上的粉丝，最好都将其沉淀到个人微信或社群中，形成自己的流量池。这样的话，无论有什么活动，都能与粉丝第一时间互动。如果需要获得粉丝的支持和点赞，就可以利用奖励等形式，发动粉丝们来参与。

另外，也有用户存在买粉、刷粉的行为。虽然这种行为能使账号在短时间内快速涨粉，但还是存在一定的风险，最好不要采取。

互推技巧，如何与其他号相互推荐

随着抖音的日渐成熟，用户增长速度逐渐放慢，而创作者的数量却在不断上升，这就导致后入者的粉丝增长越来越难。曾经一个账号 1 个月就能做到粉丝 50 万，而现在能做到 10 万的也寥寥无几，更可怕的是，每个账号还要面临上千甚至上万的掉粉量。

无论是微博，还是微信，每一个平台都会有自己的天花板，抖音也是如此。因此，曾经在微博和微信上通用的方法，也一样适用于抖音。这种方法就是互推。互推是指同一或不同量级的账号，为了获得更多或差异化的粉丝，给彼此带来更多收益，根据设定好的规则进行互相推广的行为。具体的玩法如下。

1. 利用短视频互推

抖音上内容的发布形式就是短视频，因此利用短视频互推是最有效的方法。一般常用的方法有：

（1）在一方的视频中出镜，例如，在明星肖央的视频中，就有抖音大号“多余和毛毛姐”的创作者出镜。

（2）隔空喊话，在视频中与另一方互动，如 @ 吴亦凡、@ 彭于晏的视频。

（3）利用文字或口播的形式，在视频中透露出对方的账号。

（4）做一期“推荐抖音大号”的内容，将想推荐的账号放入其中。

2. 利用个人信息互推

在抖音上运用较多的形式是将对方的微信号、QQ 号、手机号、抖音号填写在个人简介的位置，利用主页面的曝光为其导流。但是由于太过明显的微信号、QQ 号、手机号、抖音号容易造成违规，所以可以通过只提对方昵称的形式为其曝光。

3. 在视频文案中 @ 对方

在视频文案中 @ 对方的做法非常常见。这种方法简单易操作，且成本低，无须刻意拍摄视频，只需要发布视频时 @ 对方，就能获得更多的曝光率。再者，@ 对方不易造成违规，操作起来更加安全。另外，如果双方的视频和文案能形成有效互动，用上下集的形式或不同的角度来展现同一个视频，则会取得更明显的效果。

4. 利用合拍或抢镜的形式

打造一个内容社交平台，是抖音对自己的定位。与每天不同的账号各自发布自己的视频相比，合拍、抢镜这两种方法更能体现抖音的社交属性，而且曾有账号利用这两种方法发展成了超级大号。如果将这两种方法与隔空喊话、隔屏互动相结合，则会有更好的效果。

5. 利用点赞互推

在抖音上，还可以利用点赞来互推。有些粉丝出于对达人的好奇和信任，会对达人的一举一动非常关注，忍不住点开达人点赞的内容，如果感兴趣则很有可能主动关注。可以说，这种互推是引流质量最高的。

6. 利用转发互推

在抖音上，账号转发的内容同样会在粉丝“关注”一栏里出现。因此，如果作品能获得某些大号的转发，带来的流量肯定小不了。

7. 利用唯一关注互推

唯一关注也是借助粉丝的好奇心和信任来实现互推的，因为粉丝们可能认为，达人唯一关注的人一定是有特殊意义的人，所以在很大程度上也会给予关注。

另外，由于在个人简介、评论、文案中直接写联系信息可能会造成违规降权，所以可以将唯一关注设置成客服号或服务号等小号，然后引导粉丝去查看，从而实现引流。

8. 利用直播互推

相比对短视频的监管，抖音对直播的态度就宽松了很多，因此在直播里对其他账号进行推广也是一种有效的形式。

上面提到的八种方法，既可以运用其中的一种，也可以作为组合一起运用。不过需要说明的是，互推只是提高关注度的一种方法，归根结底还是要做好内容，这样才能持续地吸引粉丝。

除了内容外，利用抖音引流的十种方式

我们了解到，大家做抖音的最终目的，基本上是为了实现导流或变现。抖音内容只是积累粉丝的一种方式，如何将粉丝引流到某个地方，是很多账号关注的事。目前，我们能想到的引流方式有 10 种，这 10 种方式可以单独使用，也可以组合使用。下面来做一个详细的介绍。

1. 在昵称中设置引流信息

在抖音上，我们能看到很多账号都将自己的昵称设置成了自己的微信号，不过这种账号主体多是电商或微商，他们做抖音号的目的就是为了导流。对于纯粹以内容取胜的账号，我们不建议这样做。

2. 在抖音号里设置引流信息

在抖音上，我们同样可以看到将抖音号设置成微信号的账号，其形式一般是以“VX”或“V”来代替“微信”，然后后面是相应的数字，一般粉丝都能看得懂，如果有需要，自然会主动添加。

3. 在简介里设置引流信息

在简介里设置引流信息是我们最常见的一种方式。个人信息简介栏的内容可以多次修改，形式也灵活多样，无论是账号说明，还是引流信息，抑或是一些特殊情况的声明，都可以在这里呈现。

4. 在视频内容中设置引流信息

在视频内容里，我们可以口头引导、放微信二维码的图片、在背景中设法融入引流信息等。但是，这种方法在用的时候还是尽量要巧妙，不能让粉丝觉得太无聊，否则根本没有观看的动力。而且广告信息不能

太明显，否则抖音官方会给予限流。

5. 在视频描述中设置引流信息

有些账号会在视频描述中进行相关引导。如果觉得引流信息太直白不太好，则可以点到为止，感兴趣的人一定会在评论中深入提问，那时再进行有针对性的引流。

6. 在音乐标题中设置引流信息

这种方法比较隐蔽，因为只有引用你上传的音乐才会在视频下方显示，但也不失为一种引流的方法。如果你添加或原创的音乐比较好，自然会有人引用，这时就可以将音乐标题设置成引流信息。

7. 通过私信引流

抖音上有私信功能，既可以用来深入交流，也可以作为引流的方式，在里面留下自己的微信号或店铺信息。这种方式比较常见，而且安全性比较高。

8. 在头像里设置引流信息

头像是我们了解一个账号的窗口，将引流信息作为自己的头像，也是一种非常巧妙的办法。

9. 粉丝量多的大号发布视频时 @ 小号

这个和我们前面介绍的互推形式类似，可以将小号设置成客服号、服务号，然后在发布视频时直接 @ 小号。如果粉丝需要进一步了解内容信息，自然会进行下面的操作。另外，像一些矩阵号，为了让其他小号快速涨粉或彼此吸粉，也会利用这种方法。

10. 在粉丝多的大号关注中添加小号

这与我们前面讲的利用唯一关注的方法来互推相类似，只不过不一定设置成唯一关注。当然，这种方法也同样适用于矩阵号。

另外，在粉丝多的大号里放置或转发小号视频、利用评论互动、合拍等都是可以采取的方式。总之，我们要尽量用最安全的方式，最大化地达到引流变现的目的。

诱惑拇指点赞，提高曝光的四个方法

我们知道，点赞量是衡量视频质量的重要标准，因此每个内容生产者都在设法提高点赞率。那么，到底怎样诱导用户为自己的视频点赞呢？

当然，优质的视频内容是获赞的根本，但除了努力生产优质的内容外，我们还可以从以下几个方面来提高。

1. 增加粉丝基数

一般来说，粉丝基数大的账号，点赞率也相对较高。因此，我们可以在建立账号初期多去关注其他账号，与其他账号互粉，从而提高点赞率。

2. 设置好关键词

有些用户为了找到自己感兴趣的内容，会在首页的搜索框里输入相关信息。因此，如果自己的关键词设置得比较合适，也会很容易提高视频的点击率和点赞率。

3. 增加互动

我们可以利用转发、点赞和评论的方式来获得更多的点赞。我们可以在首页的搜索框里搜索与自己的账号相关的内容，然后对内容进行点赞或评论。如果内容比较好，还可以转发，转发的时候也可以 @ 几个用户，尽量增加曝光率。

另外，抢热评也是一种有效的手段，可以在一些同领域的大号里，在对方一推出视频就抢先去评论。如果这个视频火了，那你的评论、点赞和关注度也会相应增加。记住，大号的粉丝也是你的潜在粉丝，通过抢热评也可以实现引流。

4. 多做引导

除了以上方法外，我们还可以采用一些引导的方法。

（1）在视频结尾用语言引导："如果你觉得内容好，就点个赞"。

（2）引导用户用手指点视频获赞。例如，抖音上有个视频中说："如果你的苹果手机用手敲着是实心的，就是真的"，结果，用户按照该说法敲手机的时候，无意当中就给视频点赞了。

除此以外，还可以借助 DOU+ 速推充值，付费给抖音平台，获得更多精准的推荐和曝光。当然，在运营抖音的过程中，我们还会发现其他更多促进粉丝点赞的方式。不过需要强调的是，优质的内容才是获赞的根本。

做好这些，强化速度、情绪与传播

如今的互联网时代，几乎一切竞争都成为抢占用户时间的竞争。如果谁的内容或产品能更多地占用用户的时间，那就意味着占据了更多的注意力资源，进而有了更多的获利空间。在这种情况下，通过强化速度、情绪与传播，快速占领用户心智，就成为广大内容生产者必须要做的事。

那抖音内容如何做到强化速度、情绪与传播，进而在短时间内超越其他账号内容，获得更多的观看和点赞呢？

首先，我们要明白抖音内容为什么要加快速度。

（1）抖音用户耐心比较差。一般用户用 1 ~ 2 秒来判断抖音内容是否可看，如果在视频中用户不能马上看到自己感兴趣的内容，就会果断放弃。

（2）抖音滑屏成本低。抖音采用滑屏的方式为用户推荐视频，每天抖音上新产生的视频成千上万，如果用户不能从里面找到有价值的东西，就会立马滑掉换另一个。

（3）用户期望大。抖音用户期望在短时间内获得更多有价值的东西，在这种情况下，提升速度是唯一的办法。

（4）用户喜欢变化。抖音用户之所以喜欢刷抖音，甚至沉迷于抖音，是因为里面的信息不断变化，而速度快则意味着变化多。

（5）高速影响情绪。速度能让用户的情绪产生变化，速度越快越容易刺激用户的情绪，越容易让用户在短时间内获得快感。

在这种情况下，我们可以从加快画面剪辑、加快对白语速、加快音乐播放三个方面着手。快速的画面切换可以给用户带来持续的新鲜感，让用户一直处于新的满足和期待之中。加快语速可以在短时间内给用户提供更多的信息，若节奏太慢，则容易让人烦躁，失去耐心。另外，快速的音乐播放能让人产生愉悦的情绪，从而点赞和转发。

其次，要最大化地强化情绪。那么，如何让观众看完视频后能哭能笑、能燃能暖？

我们在前面介绍过，能让用户产生共鸣的情绪有搞笑、温暖、激励、同情和美好等，为了让用户在观看视频时产生强烈的情绪，我们可以从以下三个方面入手。

（1）在视频里展示容易感染用户的某种情景或情绪，只有有情绪的视频才能吸引用户转发、评论和点赞。

（2）标题不要平铺直叙，最好带有某种情绪，可以讲笑话、问问题，也可以诉说困境或理想，或者采用比较夸张的表达，从而让用户快速融入并产生共鸣。

（3）将作者的留言回复置顶，回复的语言最好个性突出，或幽默或犀利，以点燃用户的情绪，拉近与用户的距离。

最后，我们要说的就是强化传播，怎样才能让用户毫不犹豫地转发呢？下面我们先看一下让用户主动传播的条件。

（1）内容有价值。这一点我们在前面提过很多次，只有有趣或有用的内容，才会激发用户去分享。

（2）传播的成本低。不管是认知成本、记忆成本、口语传播成本还是书面表达成本等，都必须尽可能地降低。

（3）记忆周期长。发布的视频必须给用户留下深刻的印象并能被长久地记住，这样才能保证有效分享。

（4）积极的正能量。一般只有正面的信息才会促进人们去传播。

基于以上因素，要想让用户主动传播，视频的定位必须标签明确，最好是具有独特个性的符号标签。另外，标语必须鲜明且易记。更重要的是，有故事才有传播，有故事的人格化才会被人们喜欢。

限流、封号、昵称重置怎么办

在抖音上，经常有账号被关进小黑屋。本来一点点用心养成的大号，突然遇到这种情况该怎么办？

其实多数被封的账号，都是因为发布了违规的作品。用户封号有短期、长期，甚至永久封禁设备之分。

一般被关进小黑屋的情况有以下两种：

（1）最严重的是直接封号。

（2）限流。曾经每天阅读量上万、点赞量也上万，突然视频内容每天的观看量只有几百。

遇到以上两种情况后，我们可以先发私信到抖音官方邮箱：feedback@amemv.com，询问相关原因，与客服沟通之后，看是否能解封抖音ID。如果认为自己的账号不存在异常操作，则可以向官方提起申诉。而对于被直接封号或限流严重的账号，最后只能将这个号弃掉，重新开号。

另外，在使用抖音的过程中，还会出现昵称变成“已重置”的情况，这种现象也是因为用户违反了某些规定，从而导致账号信息被还原了。遇到这种情况时，重新编辑个人资料即可，但是需要注意的是，昵称多次被重置也会存在被封号的风险。

为了防止出现以上现象，最重要的措施就是做好预防，不要轻易触碰红线。那么，我们如何避免被关小黑屋呢？

（1）不能触碰抖音官方规定的底线。例如，不符合抖音社群规则、危害国家和社会安全、影响公民身心健康、带有负能量、包含色情暴力的视频，都是绝对不可以发布的，否则将会受到严肃的处理。

（2）明显带有营销信息的内容不能碰。明显的微信号、电话号码、企业或商铺名称等，抑或是具有指向性的视频，都会被抖音官方限制。在拍摄视频时，如果不注意将品牌标志、快递单、外卖订单拍入，且超过一定的时间限制，则会被误判为营销内容。

（3）视频最好原创，发布的视频中不要带水印。如果视频带有其他抖音号或其他 App 的水印，则会受到抖音官方监管，所以在发布视频时一定要做相关的处理。

（4）有些操作不能太频繁，如果频繁地在用户私信、评论里带上微信号，就会被抖音识别，从而进行限制。

（5）在视频里只出现单一品牌也不行，如一些美食美妆号不能直接展现商铺，也不能直接口播。

因此，为了不出现被封号、限流的情况，最重要的就是提前做好预防，不要触碰抖音的规则底线，否则带来的损失不可估量。

掉粉、停滞不前，如何解决

很多抖音运营者经常问笔者：抖音账号运营到一定阶段后掉粉严重，甚至停滞不前，该怎么办？

笔者想说的是，其实掉粉是一种很正常的现象。哪怕是输出优质视频、拥有千万级粉丝的大号，也还是逃不过掉粉的结局。例如，“七舅脑爷”“黑脸 V”“会说话的刘二豆”等生产优质内容的千万级大号，其掉粉的数量也令人惊叹。

我们不禁会问，如此专注于垂直领域、生产优质视频的抖音账号，为什么还会出现掉粉的现象？究其原因，无外乎以下几种：

（1）粉丝对这个领域的兴趣度降低，这个时间段不想再看此类视频。

（2）关注后持续更新的视频不是自己喜欢的。

（3）整理自己的账号时清理掉随手关注的账号。

（4）某些重大事件导致粉丝脱粉。

（5）长时间观看同类视频产生视觉疲劳。

（6）账号出于变现需求，发布的广告多而硬。

所以，针对掉粉情况，我们要去找对应的原因，然后做出相应的改进。除去一些不可避免的因素外，我们应该及时做出调整和预防。

1. 视频内容要不断迭代

一个健康成熟的账号要想获得稳步增长，一定要不断对内容做迭代和升级。抖音账号在不同的发展阶段发布的内容应有所不同，如早期账号可能只是发布一些浅层次的东西，后期随着粉丝们认知水平的提高和需求的变化，发布的内容应有所改变。如果这个时候的内容仍旧停留在以前的水平，那么一些老粉丝就会取关。

2. 风格多样，且恰当变化

我们在前面介绍过，视频的形式可以多种多样，可以是单人脱口秀式的讲解，也可以是双人对话，还可以是情景剧。如果账号的视频形式过于单一，粉丝们在观看过一段时间后，就会缺少新鲜感。因此，适当变换视频形式既可以提升老粉丝的兴趣，又能吸引更多的新粉丝。但需要注意的是，视频的风格千万不要没有缘由地随意乱变，这样往往会适得其反。

3. 广告软而有趣

抖音账号运营到一定阶段后，如果粉丝超过了一定的数量，就会有相应的品牌找上门来做广告。这对于账号本身来说是好事，但是如果广告做得过于频繁，或者方式不是粉丝们乐于接受的，那就很有可能掉粉。例如，由于发布的广告过于频繁，“商业小纸条”的粉丝在涨到 180 多万时出现了十分严重的掉粉现象。幸亏扭转及时，做了相应的调整，后来粉丝数又稳步增长。

4．不做违背社会价值观的事

抖音官方非常注重账号主体的价值观取向，如果抖音红人在视频中的言论不当，就会面临封号的风险。即使不是在抖音上发表不当言论，若达人出现让粉丝们集体反感的行为，也会引起大规模取关。因此，达人应时刻注意自己的言行和影响。

另外，对于一个账号来说，出现掉粉现象是正常的，但如果粉丝不增长，就会使账号的整体粉丝越来越少。为了避免出现这种情况，我们要有周期性策划爆款视频的意识。这样，即使出现一定的掉粉现象，但是由于爆款视频的出现，也会带来新一期的涨粉。

Chapter 6

变现不难，有粉丝就不怕不赚钱

抖音用户画像，不同群体的变现途径不同

目前，我国短视频持续保持高速发展，用户使用时长几乎与在线视频相当，已经变成人们离不开的移动互联网应用。

抖音上的用户以年轻人为主，女性比例稍高，一开始吸引的主要是一、二线城市的人群。但是随着抖音的影响力越来越大，抖音的用户正在从年轻人向全民进阶，内容从垂直向多元变化，城市也从一、二线向三、四线下沉。

这些用户具有以下特点：

（1）粉丝质量高、单价高，变现能力较强。

（2）以女性为主，消费能力高。

（3）以年轻人为主，喜欢跟风。

（4）消费习惯受营销活动影响大。

（5）接受度高，喜欢尝试新产品。

（6）没有接触过太多的销售套路。

从抖音的用户群体来分析，这类人喜欢接受新产品、黏性大、容易受营销行为的影响，所以很容易因冲动或好奇产生消费的举动。从这点

来看，抖音有着巨大的变现潜力。

另外，2019 年抖音平台针对企业和商家提供了更多的变现支持。例如，打造品效合一的广告营销服务体系；开启直播新模式，即“多维入口 + 内容共创”；快闪店全面展现营销产品新形式；购物车联动多维资源，创建抖音电商新场景；等等。

抖音上的内容生产者要抓住机遇，根据自己的特长和专业来开拓自己的变现之路。例如，高颜值的人可以利用广告植入来变现，一些美妆或服装达人可以加入淘宝链接或在橱窗里展示自己的产品，一些实用的知识技能类账号可以做知识付费或线下变现等。另外，视频、直播甚至个人标签等都可以作为展示商品或引流的途径。

那么，到底如何在抖音上找到适合自己的变现方式呢？我们可以从以下三个方向去考虑。

1. 从人群的需求角度考虑

首先可以研究一下你的粉丝人群，了解他们为什么关注你，想从你这里获得什么，你有什么可以满足他们的。例如，有些常为粉丝分享美妆知识的美妆类账号，其粉丝群体多是年轻的姑娘，她们之所以关注这些账号，是想在这方面有所提高，那她们必然会用到相关的产品，因此可以从这个角度来考虑变现。

2. 从行业领域的角度考虑

我们还可以从自己定位的行业领域出发，看看这个领域里有哪些相关的产品可以变现。粉丝之所以关注你，是因为对你擅长的这个领域里的经验、技巧和内容感兴趣，因此你可以结合粉丝的需求，做一些与自身领域相关的产品，从而实现变现。

3. 从产品本身的角度考虑

假如你在抖音上有卖得比较好的产品，那就可以根据这个产品做相应的延伸，寻找与之互补、配套的相关产品，并根据测试结果来看效果。如果效果还不错，可以延续这个方向，一点点去搭配和筛选，这样做可以降低成本，不会有太大的风险。

总之，抖音目前为各位内容创作者提供了广阔的变现空间，各位达人可以根据自己的优势，针对自己的用户群体，找出属于自己的变现之路。当然，随着短视频用户红利的逐渐消失，接下来行业竞争会进入存量用户争夺的阶段。不过，虽然 KOL 增长和用户增长趋势都在放缓，但宠物类、创意类、游戏类和旅行类的 KOL 还具有非常大的发展空间。

粉丝经济，抖音电商是内容电商

无论是素人还是商家、品牌，做抖音的最终目的都是为了变现。如果只是单纯地为了展现自我，自然在上面也不会投入太多精力和心思，久而久之就会沦为“吃瓜群众”。

抖音短视频不是简单的短视频平台，而是靠内容吸引并留住粉丝的社交平台。所以从它的这一特点来看，我们就不难理解，抖音的变现具备两个特性：一是抖音电商归根到底是内容电商；二是抖音经济归根到底是粉丝经济。

1. 抖音电商是内容电商

我们怎么理解抖音电商是内容电商呢？首先，抖音是靠优质的内容来吸引并留住用户的，用户只有看到有趣、有用或有价值的视频，才会进一步点开账号的页面，同时只有点开几个视频进行观看并被深深吸引后，或点开账号页面发现每个视频的点赞率都非常高时，才会进行下一步的操作，即关注。因此，用户是被账号主体的内容吸引的，而且关注之后只有持续观看该账号的视频，才会产生进一步的信任。其次，既然抖音短视频要做的是内容电商，那么想借视频变现或卖产品，也是基于内容吸引人的前提，而不是直接拿商品来卖。即使是直接卖货，也要卖得特别、卖得有花样。

抖音的内容属性注定了它是以内容为第一位，带货只是附属功能。所以，抖音的推荐算法一定是以用户兴趣为先，而不是以卖货为导向。

2. 抖音经济是粉丝经济

什么是粉丝经济？百度百科上这样解释："粉丝经济泛指架构在粉丝和被关注者关系之上的经营性创收行为，是一种通过提升用户黏性并以口碑营销形式获取经济利益与社会效益的商业运作模式。"

通俗来说，抖音的粉丝经济，就是通过好的内容或受人喜爱的人设来吸引粉丝的关注，然后利用持续的优质内容输出，逐步建立信任，最终完成转化。

粉丝经济的基础是信任，粉丝们因为喜欢账号的内容，进而喜欢视频里的人，再进一步喜欢账号推荐的产品。

在抖音上，粉丝由于喜欢红人的内容、红人的人设，进而喜欢红人推荐的商品，甚至喜欢红人推荐的一切，下单是基于信任的一种消费行为。而在淘宝上，人们想要购买某个产品，首先是在搜索框里搜索，然后通过对比选择，最终才会下单。

我们知道，在淘宝上购物时，产品是首位，平台直通车等给流量，进而是转化。然而，抖音上却是流量、产品、转化的排序，因为首先是内容产生流量，然后才会有产品，进而会有转化。

因此，抖音电商和淘宝电商有很大的不同，虽然目前抖音和淘宝已经打通，但是通过抖音平台转化到淘宝上的买家，与直接去淘宝购物的买家有着很大的不同。

四个方面，抖音变现的注意事项

前面我们讲了抖音电商是以内容为基础的粉丝经济，那么我们在变现时就要考虑粉丝的感受与需求。下面我们来讲一下抖音变现的四个注意事项。

1. 卖的商品最好与人设相关联

我们在前面已经多次讲过，粉丝多虽然是好事，但是变现能力不一定强。如有些搞笑类、讲段子的账号，虽然非常容易吸引粉丝，但是很难找到持续变现的商品。

在抖音上变现要记住这个公式：内容 = 人设 = 商品。这两个等号越直，卖出的商品就越多，越能体现内容电商的本质。这里有一个失败的案例，2018 年的中秋节，浙江传媒学院的一个魔术大号出售小猪佩奇的月饼。小猪佩奇是人人喜欢的网红形象，八月十五中秋节又是时间热点，这个魔术号当时也有 100 多万粉丝，按道理来说应该收成不错。结果呢，非常惨淡，卖出去不到十盒。这是为什么呢？仔细思考，一个玩魔术的号，关注它的人群应该也是魔术爱好者，在这些人的心里，卖月饼与账号没有什么关联。所以，粉丝多并不一定能卖货。

无论是做抖音的人，还是想在抖音上找达人投广告的人，都要记住，这个达人至少应与商品有关联，或达人的人设与商品高度契合。假如你是一个服装设计师，你设计的衣服在抖音上卖就很好。因为抖音上的粉丝会因为喜欢你的内容、喜欢你的人设，进而喜欢你的商品，然后下单。

2. 最好不要卖标品，容易触发比价

小猪佩奇手表、发泄葡萄球、兔帽子、薄饼锅、刷鞋海绵、妖娆花音箱等在抖音上出现的网红产品，恐怕对于很多人来说都不陌生。这些产品要么新奇可爱，要么触发了人们的共鸣，但最重要的是，这些产品都独具特色，并不是随处可见的标品。

在抖音上，如果你的产品没有吸引人的独特之处，那就很容易导致人们去淘宝比价，最终的转化率并不一定高。除非你做的这个产品是独家代理，其他商家没有。

3. 明白用户需求，倾听粉丝反馈

不管是通过做广告、做直播变现，还是做抖音电商或签约其他平台做明星，在内容生产和变现上，都要时刻明白用户的需求。既然做了抖音，就要研究自己粉丝的特征，知道他们是什么群体，处在哪个年龄段，希望从你这里获得什么。假如你是一个讲解创业类知识的网红，粉丝希望从你这里得到的是与创业相关的知识、能赚钱的相关项目，而你的变现途径可以是创业类的知识付费，也可以是推荐项目的分成，还可以是线下的培训。甚至有的粉丝会向你反馈，问你有没有系统的课程，有哪些项目靠谱。所以，任何形式的变现都是围绕着自己粉丝的需求进行的。

4. 成本控制与利润导向

既然做抖音的最终目的是为了变现，那就要有成本和利润意识。在运营抖音的过程中，要秉持成本最小化原则，尽量省去不必要的成本，不做无用功。如果抖音运营者不能从降低成本的角度出发，很容易造成大家白忙活一场，最后并没有收益。

另外，说到赚钱就要考虑利润。那这个利润到底如何获得呢？在产品的销售上应采取什么策略呢？面对消费者，应追求客单价还是追求销量呢？对此，要针对不同的粉丝群体采取不同的策略。如果自己的粉丝整体消费水平比较低，则应追求销量；如果粉丝属于高知人群，比较在意产品的质量，那可以追求客单价。

广告变现，成为红人就有人找上门

在传统媒体时代，企业为了抢占央视《新闻联播》结束后几分钟甚至几秒钟的广告位，需要花上亿元，甚至几十亿元的广告费用。虽然效果明显，知名度大大提高，但是高昂的广告费未必能带来实际的收益。随着新媒体时代的到来，用户逐渐向网络媒体转移，除了比较火的几大综艺节目外，电视广告的作用在大大下滑。如今，微博、微信以及抖音已成为商家打广告的重要平台。

目前，短视频平台变现的主要方式为广告/营销、电商、游戏和直播打赏，有所区别的是，这几种营收方式在不同平台的占比不同。经过两年多的发展，当下短视频平台的营销变现产品已经日渐成熟，主要包括：①围绕广告生态开发的硬广类产品，如开屏、信息流等；②围绕内容生态和社交生态推出的自助化商业开放平台，如KOL内容广告交易平台、短视频账号等。

抖音有两种广告渠道，一种是官方渠道，即开屏广告位和信息流广告（每一刷次的第四位为潜在广告位，即目前仅支持在用户每一次打开抖音时第四个视频的位置展示），这种广告效果好，但是成本较高，一般都是有实力的大企业才会投放。例如，能抢占抖音开屏广告的一般都是京东、拼多多或小米手机等。

另一种渠道则是针对达人或各个领域的 KOL 投放，在视频内容中植入或特意定制内容，这种广告费用低、人群精准、转化率高。

通常，抖音达人在积累了一定量的粉丝后，就会有广告商来寻求广告合作，抖音达人通过接广告就可以轻松实现变现。这与微博、微信上某些大号的变现方式基本类似。

2018 年 7 月 20 日，抖音上线了红人广告接单系统——星图平台。星图平台与微博 KOL 广告接单系统“微任务”、快手接单功能类似，其作为中间商，为广告主和红人服务，从中获取分成或附加费用。

星图平台的推出，一方面使平台接广告正规化，在谈价格、签合同、修改脚本等细节工作方面有标准的要求，省去烦琐环节；另一方面，平台主动分配广告资源，红人不用为接不到广告而担心，最重要的是，因为有星图平台的支持，在视频投放环节不会受到抖音的屏蔽和限流。

但是，这也对抖音红人存在着不利因素。一是抖音红人的接广告权掌握在抖音官方手里；二是抖音官方要从中抽成，导致红人的收入减少。

无论是哪种合作方式，都是有利有弊，抖音红人可以根据自身情况进行选择。

视频贴片、冠名口播、形象代言、互动贴纸、发起挑战等都是抖音红人与品牌进行合作的营销方式，这些方式简单有效，操作方便。其中，承接广告或为品牌定制内容是各位红人最直接的变现方式。例如，抖音红人“黄灿灿 acan”通过在视频中表演“樱花手势舞”的方式，将某个手机品牌植入其中。虽然这是一则广告，但因为结合当时比较流行的手势舞玩法，让粉丝比较容易接受，结果获得了 6.5 万的点赞。

目前，红人接广告的形式主要有两种，下面分别进行讲解。

1. 红人为品牌定制内容

当抖音红人的粉丝达到一定数量，并且与某些品牌的定位比较契合时，一般就会有企业主动来找抖音红人拍摄广告。一般情况下，由于红人本身就是内容的输出者，并且账号主体本身积累着一定粉丝，有不错的流量，所以广告主会将自己的需求传达给红人，红人根据广告主的要求生产内容、进行拍摄并最终发布。这种方式费用较高，收益也较大。

在生产这类内容时需要注意：

（1）明确广告主的要求。既然是为品牌方定制广告内容，那就需要明确广告主的要求，以防没有领悟要领反而浪费时间。红人要在明确品牌方要求的基础之上，使广告尽量与账号的内容风格相一致，且最好不是没内容的纯广告，否则很容易引起粉丝的反感。

（2）粉丝与品牌目标人群契合度高。既然是做广告，那粉丝最好与品牌的目标人群契合度高。这样做的好处不言而喻，一方面满足了粉丝的需求，商品转化率高，另一方面对商家来说广告也做得值。如果粉丝与目标人群契合度低，那广告效果就难以发挥。例如，对于一个商业财经类的抖音号，其主要的粉丝人群是男士，但是如果在这里做女士产品的广告，就很难实现转化。

（3）品牌与视频内容相融。在做广告时，视频内容最好能与品牌融为一体，不要使广告的植入太突兀、太尴尬，而是应成为一个完整的作品。假如要发布一则关于支付宝红包的广告，我们不能直接发个视频说扫码即可获得红包，虽然红包对每个人来说都有很大的吸引力，但是如果太直接又不是官方直接发布，则很可能被认为是欺骗。可以利用一个加班辛苦的上班族去便利店买饮料的场景，在结款的环节巧妙地将扫红包融入进去。

（4）广告内容一定要软而有趣。我们多次强调，抖音是靠内容吸引用户的。广告的内容要吸引用户，就一定要软而有趣，软是为了防止人们抵触，有趣是为了让人们喜欢。如果广告太硬，一定会遭到粉丝的厌恶。很多账号因为广告太多或者广告植入太无聊而引起粉丝不满，导致取关。

无论浏览什么内容，人们对广告都有着天然的抵触。至今，广告植入都是戴着镣铐跳舞，除了像公众号 GQ 将广告做得那么有趣外，很少有能让粉丝看不出广告痕迹的。基于这种情况，红人既要照顾粉丝的情绪，又要满足品牌方的传播需求。“老王欧巴”就将广告与自己的视频做了彻底区分，如他发布为美团拍的广告时，直接告诉粉丝这是一则广告。

2. 红人用抖音号直接发布

这种方式比较简单，一般品牌方只是借用红人的流量平台发布自己的广告内容，以达到传播的目的。这种方式是品牌方将制作好的广告发给红人，红人直接发布即可，因此，操作起来十分简单。

总之，红人接广告的频率一定要适当，广告内容一定要有趣，不然很容易引起粉丝的不满。

电商变现，抖音卖货也不错

除了通过广告变现外，抖音也开放了达人的电商变现之路。从开通购物车的功能起，抖音的线上带货能力就展现了巨大的潜力。

瞬间蹿红的小猪佩奇社会人手表，是抖音出走电商的典型案例。这款手表戴在手腕上既可以起到装饰作用，又可以吃到好吃的奶糖。其实一开始这只是一款不起眼的小朋友的玩具，却因为在抖音里频繁出镜，引发了人人购买的热潮。此外，刷鞋海绵、薄饼锅、妖娆花音箱、喷钱手枪等因为在抖音里的爆红，淘宝上满是抖音用户的评论，甚至有网友笑称“这是我在抖音被种草的第 1632 个东西”。

随后，不少服装、美妆电商也纷纷入驻，在抖音上为自己的店铺引流。2018 年 3 月 26 日，抖音平台上增添了与淘宝关联的卖货链接功能，有百万以上粉丝的抖音号可以添加购物车按钮，粉丝在观看视频时看到购物标识，通过点击就可以看到商品的推荐信息，还可以一键跳转淘宝店家，直接购买产品。

2018 年 12 月 11 日，抖音正式开放购物车申请，只要是“平台发布视频数量大于 10，且粉丝大于 1000 的实名认证账号”，即可申请。

现在的抖音不仅可以添加购物车功能，而且在账号的主页面上还有官网链接、商品橱窗等展现商品的各种链接，用户点开链接后可以对产品一览无余。

例如，“会说话的刘二豆”是一个非常受欢迎的宠物类账号，其通过给可爱的猫咪配上符合情景的语言，使视频内容非常具有可看性。

截至2019年9月，该账号粉丝数将近5000万，单个视频点赞数最高近1000万，数据非常惊人。除了接一些广告之外，该账号的变现方式主要是通过商品橱窗功能跳转到淘宝，售卖猫粮等宠物用品。例如，在给猫咪洗澡的视频里，会加上沐浴露的购物车。

那抖音电商产品有什么特点呢？

我们在前面提到过，刷抖音的人是为了娱乐、为了消遣，他们并不是抱着购物的目的而来的，而是在打发时间的过程中恰好看到了一款产品。所以，要想让他们从看着喜欢到完成下单，就必须保证产品有强大的说服力。

那什么样的产品容易让粉丝产生购买冲动呢？

1. 视频里展示的产品满足了用户的某一需求

例如，脱发或有白发的人在日常生活中常常因为头发的问题而苦恼，尤其是有白头发的年轻人，要想时尚漂亮就得常常染发，但是常常染发又对身体不好，戴假发又不舒服。这时假如他们看到了一款产品，这个产品只要轻轻往头上一粘就能盖住秃顶或白发，既省事、透气又漂亮，同时价格还便宜，那么他们一定恨不得立马下单。

2. 产品是当下流行的

这一点对于服装类产品尤为重要。例如，抖音达人穿上了漂亮的当季流行服装，美美地在视频里展现，而且不同年龄、不同体型的人穿起来都非常漂亮，营造了一种今年最流行、最时尚的感觉。那么，很多人在看到这种产品后会毫不犹豫下单，尤其是对于爱赶时髦的人，生怕没有一件这样的衣服就错过了潮流。

3. 产品最好既实用又时尚

人们购买产品是为了使用，只好看不实用的东西只能流行一时，不能带来长期转化。另外，抖音的用户以年轻人为主，这类人群喜欢时尚、跟风，如果产品只是实用，而不时尚，对他们来说也没有太大的吸引力。

4. 产品独具个性

在产品同质化严重的今天，消费者们越来越追求独特。所以，如果产品有着强烈的个性标签，也会吸引人们下单。

5. 物美价廉

物美价廉的产品放在哪里都好卖，尤其是价格便宜的小东西，对于消费者来说不值几个钱，也懒得去比价，可能看着好就直接下单了。

6. 产品与粉丝的品位高度契合，可以体现他们的某类特征

粉丝都是基于喜欢某个抖音红人而关注的，一般这类人群都有相似的标签或特征。如果红人卖的东西十分契合他们的胃口，一般来说转化是不难的。例如，对于文艺女青年这个群体，她们一般都是森系、小清新类服装的忠实粉丝，若红人持续推送此类服装，总有一件会让她们心动。

7. 主播亲自演示，符合粉丝需求，增加信任度

我们一直强调，抖音账号要有鲜明的人设，粉丝往往是因为喜欢账号的人设，对人设产生了信任，才会喜欢人设推荐的产品。因此，在推荐产品尤其是打造某个爆款时，一定要让主播亲自展示，而不是随便挂个购物车就不管了。

亲自展示会增加真实感，如果再配上具有感染力的解说，更是会增加粉丝的购买冲动。例如，对于服装类的产品，达人可以进行试穿和搭配，让粉丝看到服装是如何漂亮，适合什么身材的人穿，以及怎么搭配好看，一般粉丝看到适合自己的服装后会很容易购买。而食品类的产品就更不用说了，人人都喜欢美食，当在视频中看到新鲜美味的食品时，肯定忍不住想尝一尝。

需要注意的是，用抖音来做电商时，必须策划好视频内容，千万不要做引起粉丝强烈不适的展示。虽然推荐产品属于比较硬的广告，但是应尽量在里面植入比较美好的、引人喜爱的话题点。

抖音短视频短则几秒钟长则一分钟，所以要在极短的时间内抓住粉丝的眼球，应尽量符合粉丝潜在的当下需求。在这种情况下，可以利用抖音展示一些自带快节奏功能的产品，如削铅笔刀、自动橡皮等。即使拍摄技巧不多、画面不够完美，只要满足了粉丝的当下需求，转化也很容易。

例如，“金帝柔”是一个卖床上用品的账号，账号的个性签名是“一个专注于房屋搭配改造的坏叔叔”，既点明了人设的人格属性——男的、叔叔，与平时我们印象中女的会收拾房间形成反差，又突出了他的特长和技能——房屋搭配改造，与所卖的产品高度一致。在夏天将要来临时，该账号发布了一个推荐“热带雨林”床上用品的视频。在视频里，只见一个中年大叔对一个空空的房间进行了简单布置，放上了床、被褥、地毯，又进行了其他装饰，打开灯，一个冰冷的房间瞬间温馨起来。同时，配上抖音上的流行语：“房子是租的，生活是自己的。生活要有仪式感。”仿佛告诉粉丝，夏天将要来临，如果你的房间里换上这款“热带雨林”四件套，也会既凉爽又温馨。这样一个简单的视频引来了几百万的点赞，销售量比没有视频的产品高好几倍。

直播打赏、卖货、导流，都是赚钱的好方式

提起直播，人们就会想到虎牙、斗鱼和花椒等平台。在这些平台上，一批批主播靠颜值或才艺成了网红，而粉丝的打赏便是他们最主要的盈利方式。

另一类直播是以卖货为主，如服装类的直播，主播们在直播间里不停地换衣服，将试穿效果展现给粉丝，粉丝觉得满意便可下单购买。对淘宝直播有所关注的人都知道，在淘宝直播中，薇娅非常有影响力，曾创下一场直播吸引 150 万粉丝观看的记录。2017 年，薇娅在淘宝直播中带动的销售额多达 7 亿元。

现在抖音作为十分火爆的短视频平台，自然少不了直播功能，而且抖音上的主播比直播平台和淘宝平台更注重内容。综合来讲，抖音直播变现主要有以下三种形式。

1. 粉丝打赏

粉丝打赏是很多直播平台通用的变现模式，只要主播有特殊技能，如唱歌、跳舞、弹琴、画画等，能打动粉丝，让粉丝受到感染，就会有粉丝毫不吝啬地疯狂刷礼物，然后主播通过礼物变现。

直播时，要注意与粉丝有所互动，积极吸引粉丝参与。“创业找崔磊”是一个创业类的账号，虽然相对来说关注这个领域的粉丝并不多，但是每一个粉丝的黏性都非常强。崔磊凭借多年的电台主持经验，每次都把直播间的气氛搞得十分活跃。例如，崔磊为了与粉丝互动，会让粉丝直接打电话进来，当场回答粉丝的提问，这样既增加了粉丝对他的信

任，也丰富了直播的内容。在一次直播活动中，有粉丝十分欣赏崔磊的分享，便疯狂打赏，崔磊多次制止不住，便决定约打赏的前十名一起线下会面。粉丝听到这个消息后，打赏的劲头更足了，甚至有粉丝不惜路途遥远从东京赶来参加这次会面活动。

在直播前，还可以对粉丝进行调查，弄清楚他们喜欢什么样的内容，在哪个时间段直播观看人数最多。切忌直播无内容无互动尬聊，这样的直播间是不会吸引粉丝停留的。

2. 直播卖货

除了通过粉丝的打赏变现外，很多红人或电商公司还会通过直播来卖货。看过淘宝直播卖服装的人都知道，淘宝直播就是把售货员当作主播来介绍衣服，虽然场景粗糙杂乱，一般就是在一个摆着很多衣服的房间不停地换衣服，但想要买衣服的人看着还觉得很有意思。前面我们也说过，大家都是揣着钱来的，想看的就是衣服，你要是给大家讲段子，说不准粉丝还会着急，直呼“姐是来买衣服的！”但是抖音不同，抖音需要你在讲有趣内容的同时，顺便卖一卖货。例如，有些做手工的达人会把做手工的过程直播下来，边直播边讲解；一些垂直领域类的行业号，如上面提到的“创业找崔磊”，是在分享创业知识的同时，推荐靠谱的项目来实现转化。

目前，抖音上什么品类的商品比较好卖呢？抖音官方发布的2018年“双11”爆款单品成交额显示，美妆、男装、美食、新奇特（数码、3C、家居、玩具）、宝宝用品是排名靠前的品类。

3. 通过直播来导流

做直播并不是纯粹为了打赏和卖货，一些需要积攒粉丝的平台或机构往往会在直播中报上自己的微信号、公众号，让粉丝去添加关注，从而进行下一步的转化。另外，一些达人会在直播中将粉丝导流到知名电商网站，在某种程度上获取间接提成，进一步拓展自己的变现途径。

介绍了直播变现的途径后，我们来简单说一下怎么让直播做到观看人数和变现最大化。

1. 直播前做好预告

有些达人号在主页面上直接标明了直播时间，可以让粉丝一目了然，每到这个时间点准时来观看。也有一些达人号针对某些重要的内容，专门录一条视频来直接说明某个时间段有直播，希望大家准时来收看。

2. 直播后做好复盘

开直播的主要目的就是变现，所以有成本和效率意识的人一般都会做好时间和内容控制。每进行完一场直播后，可以针对时长、时间段、观看人数、直播内容、粉丝转化等进行复盘，并最好总结，这样以后会越来越有效率。如果单纯只是拿直播作为消遣，并不针对每次的内容进行复盘，则很容易导致一两场直播做不好就中途放弃。

3. 摸清直播观看人数较多的时间段

做直播也是分时间段的，如工作日的上班时间，人们都在忙自己的事情，观看的人数就比较少，自然转化率也低。所以正常情况下，一些达人会把直播时间放到晚上或休息的时间。不过有趣的是，常做直播的人会发现，周五晚上观看直播的人相对于其他时间少，因为这个时间很多上班族都会趁忙完了一周的工作与同事、朋友等去放松和聚餐。

抖音达人可以根据自己粉丝的特点，尽量找到比较适合直播的时间段。

4. 内容为王

我们一再强调，抖音是因为内容聚集人气的，所以直播的内容一定要有料有趣。达人在直播前可以针对每次的主题和目的做相关的策划与准备，这样的话，至少可以让直播时的气氛不会太无聊尴尬。

2018 年 2 月，“七舅脑爷”加入抖音，凭借优质的视频，他的粉丝在 5 月底涨到了 300 万，到了 6 月通过进一步改进内容，粉丝涨到了 2000 万，这个速度超过了“代古拉 k”。作为洋葱视频旗下 IP，“七舅脑爷”开始尝试抖音购物车。

洋葱视频联合创始人聂阳德表示，由于时间比较紧，他们到 12 月初才开始准备“双 12”直播的事。尽管在 2018 年 5 月公司里的几个 IP 陆续开通了抖音购物车，但是当时的重心并不在此。因此，他们想趁“双 12”活动试水抖音直播，一是现在他们的内容导购时机已经相对成熟，二是想趁这个时候进行大促，回馈粉丝。

电商直播与秀场不同，前期需要选品招商，后期需要运营维护，他们用不到 10 天的时间，迅速完成了选品招商、内容引流、直播预演、运营维护等各种事宜。所以，到了“双 12”那天，“七舅脑爷”准时在抖音直播间开播，一直持续到凌晨一点。经过 6 小时的奋战，这次直播总成交额超过 1000 万元，直播时最高在线人数竟然达 33 万。

前面我们介绍过，在抖音商品中，美妆、服装、美食的销售能力比较好。“七舅脑爷”的这次直播中，是从 4000 多个品牌里选取了 99 个。事实证明，零食和美妆产品的销量的确是最高的。对于直播电商来说，其实选品是最难的，其次才是运营能力。

在抖音电商直播中，内容消费转化占第一位，流量居于第二位。而转化率的高低主要由选品的匹配度决定，商品特性和销售话术只起次要作用。

具体来讲，在选品时首先要对粉丝画像进行分析；其次，商品的性价比要靠商家的谈判能力决定；最后，抖音毕竟与淘宝的卖货场景存在差异，所以在内容策划和达人话术上有其独特的要求。

用抖音引流，打造私域流量

虽然有些抖音号无法在抖音上直接实现变现，但是却可以利用引流的方式在其他平台实现盈利。例如，一些垂直领域的抖音号往往会在视频、页面介绍、评论、直播里植入自己的微信号，或者为平台账号、其他 App 导流，从而实现变现。

抖音上有一个叫"周周珍可爱"的红人，她通过在视频中展现自己的衣服，用各种动作和语言让粉丝们觉得自己穿上同样的衣服也会很美。目前，"周周珍可爱"主要是利用抖音留下自己的微信号，将粉丝引导到微信上，或者是利用抖音推广商品链接，将粉丝引导到店铺，从而实现变现。

"周周珍可爱"凭借美丽的容貌和外形获得了很多粉丝的喜爱，而且为了增加粉丝黏性，她还通过短剧的形式让粉丝有更多期待，从而使持续变现成为可能。

另外，抖音号也可以为线下店铺进行引流。一些店铺由于在抖音上的宣传，很快成为人人想打卡的网红店，从而间接带来了生意和客源。

下面我们详细讲解一下利用抖音引流的常见方式。

1. 抖音 + 微信，打造私域流量

我们一般指的抖音引流变现，是指在抖音之外的其他平台获利。其中，最典型的是抖音 + 微信的形式，即抖音 + 个人微信 / 微信社群 / 微商店铺 / 小程序的组合。

以抖音 + 个人微信为例，一般的操作方法是：

（1）通过视频内容在抖音平台上积累粉丝。

（2）在主页、评论、直播间等各个地方注明微信号。

（3）将各个粉丝分别沉淀在不同的微信号上，然后针对不同的人群，推出不同的产品进行变现。

具体流程可以参考“创业找崔磊”的做法。崔磊通过直播、喜马拉雅上的音频节目等一切形式，公布个人微信号，让粉丝有创业难题时可以直接加微信咨询。这样通过将粉丝的微信号分类分组，就可以针对不同的人群持续进行变现。

例如，有的人会交一些年费加入社群，有的人会加盟各种项目。总之，变现的产品和项目也是分层次和等级的，这样就能进行不断地转化和变现。

微商和小程序的做法也类似，微商主要是添加粉丝微信后，在朋友圈针对不同的群体销售产品。通过抖音引流到小程序的做法很简单，直接在微信里搜索小程序即可。一般小程序都是需要付费的，这样就可以变现。

2. 抖音 + 其他平台店铺

在抖音账号上，个人签名、视频、直播里都可以加入店铺信息，让粉丝直接搜索店铺进行购买。另外，为了防止平台对信息进行屏蔽，应尽量采取比较隐蔽的方式。

需要注意的是，如果想利用视频进行引流，则可以加入一些打动粉

丝的信息，如送福利等。

抖音 + 其他平台店铺的常见形式是抖音和淘宝店铺的组合，因为现在抖音已经对电商开放，所以每个短视频里都可以带淘宝产品的链接。例如，我们在前面提到的抖音账号“丁小猪的妈妈”，就曾在视频里直接带上“猪妈同款早餐锅”的购物车，点开链接便是淘宝上直接购买的页面。抖音上利用这种方式的红人，尤其是电商红人，可以轻松实现导流和变现。

3. 抖音 + 实体店铺

利用抖音向实体店引流也是一种非常有效的方式。例如，可以在店里经常拍一些有趣的视频，手里拿着店里的产品作为道具，这样就会吸引粉丝对店铺和产品进行关注，从而前来消费。

线下引流尤其适合本地同城的商家。当然，尽管你的客户可能只针对本地，但是全国的粉丝也会因为店铺的特色前来打卡。就像在抖音火了的厦门土耳其冰激凌，凡是去厦门旅游的人都会前去购买。

餐饮、旅游、美容美发、教育培训等很多行业都可以采用抖音 + 实体店铺的方式，将粉丝引流到线下进行消费。

目前，利用抖音引流的变现方式非常常见，尤其是想建立私域流量池的用户，只有将抖音平台上的粉丝导到个人微信或社群里，才是真正建立链接和信任的第一步。每个抖音达人都应该有这种意识。

签约、知识付费，以其他衍生方式变现

前面我们一直说，如果在抖音上粉丝积累到一定程度，就会成为某

个领域的红人。成为红人之后，除了可以依靠广告增加收入外，还可以推出自己的产品，为品牌代言，甚至踏上星途。那么，具体还有哪些变现方式呢？

1. 签约

在抖音上拥有超高人气和海量的粉丝之后，就可以转型成为个人超级 IP，成为人人瞩目的网红，甚至发展成明星。例如，抖音红人费启鸣之前一直在映客直播唱歌，后来入驻抖音，不仅演唱一些好听的歌曲，而且还放一些有意思的视频，之后依靠“如果你的前男友和你的现男友同时掉进水里，你是否愿意让我做你男朋友？”的视频迅速蹿红，让人们记住了这个干净又温暖的男生。费启鸣在蹿红之后上了《快乐大本营》，后来陆续接了一些影视剧的演出，由网红转为艺人。

除此之外，还有摩登兄弟。摩登兄弟其实在 2014 年就已经成立，2015 年 3 月入驻了 YY 平台，尽管他们一直以来都取得了不错的成绩，但是真正让他们爆红的却是抖音。凭借好听的声音、不错的外形、动人的歌词，主唱刘宇宁一时圈粉无数。后来他陆续受邀参加了央视访谈节目，还录制了《天天向上》，现身《演员的诞生》等。

2019 年 3 月，摩登兄弟主唱刘宇宁受邀拍摄了《芭莎男士》电子刊封面。该杂志上线不到 10 分钟就销售了 33 万本，2 小时不到就创下了超过 220 万本的销售额，并且《芭莎男士》电子刊单人销量和销售额双双被打破。

现在看来，从抖音发迹的红人们，除了拥有颜值、才华外，还有亲和力，也更接地气。如果能激发出他们的发展潜力和商业价值，再配上优质的资源和团队，那么一切皆有可能。

2. 知识付费

有些垂直领域类的抖音账号是以知识服务的形式来积聚粉丝的，如“年糕妈妈”就是分享一些育儿知识，“丁香医生”主要分享一些健康小常识，而“商业小纸条”“智哥大叔”等则是分享商业和企业管理类的知识。

这些账号以短视频的形式，简单通俗地讲解关键知识点，之后则根据这些内容深入挖掘，推出相关的课程。例如，“商业小纸条”推出了自己的销售课，“智哥大叔”则是将粉丝聚集到线下进行收费培训，“丁香医生”和“年糕妈妈”本身也有自己的付费学院。

相对于其他平台199元或99元的付费课程，“商业小纸条”的销售课定价仅为9.9元，是一杯饮料价就能买的销售课。“商业小纸条”把销售课讲得像说段子一样有趣，粉丝们不仅能学到实用的销售知识，而且听完还觉得轻松愉悦。

不仅如此，在文案上，“商业小纸条”的销售课也颇有讲究。如《有嘴就能卖东西：小纸条销售舌战课》的宣传语是“把嘴练成印钞机，把话说到心坎里”。目前，这个课程的转化率高达20%，是普通电商产品的好几倍。

最重要的是，这种课程不仅是一种变现手段，还是一个引流产品，一般粉丝通过购物车跳转到淘宝页面后，只有通过添加微信号才能购买。通过这样一个步骤，可以巧妙地把粉丝沉淀到个人微信上，从而打造自己的私域流量。

所以，一些讲解知识技能的账号都可以利用知识付费的形式，进行线上课程或线下活动的转化，从而实现最终的变现。

Chapter 7

案例：抖音上爆红的经济形态

婚恋需求，抖音上兴起的情感经济

情感类内容可以说拥有广大的受众基数，是当下互联网用户的痛点之一。国家统计局《中国统计年鉴 2018》数据显示，全国 15 岁以上单身群体在 2017 年已经达到 2.15 亿人。2013—2018 年，我国结婚率连续下降，而离婚率却连续高速攀升。现阶段的年轻人对于感情的态度已经不再局限于经济适用，而是更多地关注感情质量。在这种情况下，情感类的内容就有很大的市场需求。

目前，情感类的内容主要有三种：一种是情侣 KOL 式的日常生活分享；二是情感导师型的专业情感指导和分析；三是情感心灵类的经典语句解说。《2019 年短视频内容营销趋势白皮书》显示，2018 年，情侣类 KOL 在广告方面的营收占全部垂直类营收的 15%，是仅次于搞笑段子类 KOL、美妆类 KOL 的第三大类目。

1. 情侣类 KOL

目前，抖音上头部情侣类 KOL 账号相对较少，因此还有很广阔的增长空间。情侣类 KOL 如果精力允许，还可以分别开一个单人号，既可以吸引对他们个人感兴趣的粉丝，又可以在合体时获得情感类粉丝的叠加，效果绝对“1+1＞2”。

对于情侣类 KOL，用户的消费动机在于以下三个方面：

（1）情侣的日常分享代入感较强，容易引起用户的共鸣。

（2）情侣分享的内容能起到情感教学的作用，陪伴用户成长。

（3）人们都有窥视欲，很想知道别的情侣都是如何相处的，尤其是那种各方面比较完美的情侣。

基于以上原因，情侣类 KOL 账号很容易吸引年轻粉丝，并有很强的粉丝黏性。这就是除了眼球经济外，情侣类 KOL 具有较大的广告投放价值的原因。

一方面，关注这类账号的人都是年轻群体，而恋爱类的内容也容易促成感性消费，尤其是当红人的影响力达到一定程度后，他们所传达信息的接受度就会增强，从而促成更多的转化。另一方面，当粉丝们认可了红人的生活方式后，其审美或消费偏好就会受到影响，他们愿意和偶像用一样的东西、过一样的生活。

总之，情侣类红人的商业价值是建立在审美偏好和消费决策之上的，而分享他们的私生活则是吸引高黏性粉丝的重要手段。

目前，抖音上比较火的情侣红人有丁钰琼和张子凡、殷世航和何婧婧等。与综艺明星相比，这些情侣红人更生活化，与粉丝的状态更接近，更像现实中的你我他。

在运营这类账号时，情侣类红人要根据情感阶段的不同来调整内容和品类，日常内容除了“撒狗粮”外，还可以围绕不同的主题进行创作，如情侣美食、情侣健身等。此外，随着年龄和情感阶段的变化，还可以向育儿、手作、家庭关系等各个方向延伸。

2. 情感导师型的专业情感指导和分析

感情咨询由来已久，无论是微博还是微信的一些大 V，甚至是一些畅销书作家，都是靠为别人解决感情问题、讲解恋爱技巧而吸引了大量粉丝，赚足了知名度。抖音也不例外，自从短视频火爆之后，就有一大批感情咨询类账号入驻抖音。

目前，情感导师型的抖音账号大多是通过传授恋爱技巧来引导用户付费咨询。这类型账号一般都是由导师出镜，通过脱口秀的方式来讲解情感中常见的问题及解决方案，但是毕竟短视频的时间有限，要想咨询具体的问题还是需要付费。

3. 情感心灵类的经典语句解说

这类情感账号通常是读一些经典的、让人有共鸣的句子，通过触动人的内心感情而引起关注或点赞。通常这类账号的内容唯美而哀伤，如“不二情书”就是利用这种方式成功吸引了近百万的粉丝。这类账号的内容多为搬运，可以是网络流行语、经典台词或优美的句子，操作起来比较简单。

总之，情感类内容的受众基数比较大，容易引起用户的共鸣，目前还有广阔的发展空间，对这方面感兴趣的人可以尝试。如果情侣双方本身很有看点，则可以以情侣 KOL 的形式入驻。如果本身从事情感咨询工作，则可以以专业人士的身份为大家讲解。虽然一些美丽治愈的爱情经典语句往往从各种平台搬运而来，但是如果能做出自己的特色，未必不能尝试。

时尚美妆，让抖音红人赚得盆满钵满

最近几年，有些人凭借漂亮的穿搭、个性的妆容和对美容护肤等干货知识的分享，在社交媒体上聚集了大量的粉丝，成为某些专业领域的达人，随后他们利用粉丝们的信任将流量最终转化为消费行为。在这种情况下，各大美妆护肤品牌与红人们进行了密切的合作，而红人的带货能力也超乎我们的想象，目前已经发展为比较成熟的商业模式。

从微博、微信，再到今天火速发展的短视频，移动社交的方式在变化，内容的输出形式在扩展，红人们的发展也越来越多元化。目前，活跃在时尚美妆领域的红人有内容型和电商型两种。

内容型红人主要依靠分享专业的时尚美妆知识来吸引粉丝，如为粉丝们讲解美妆护肤干货、测评品牌产品、分享时尚资讯等。内容型红人主要通过广告来变现。

电商型红人主要是利用社交平台，将个人生活和审美态度分享给大家，进而将流量引导到自己的店铺。

如今已是信息爆炸时代，每天面对来自四面八方的信息，用户们筛选信息的难度大大增加。在干货分享横行的今天，用户们宁愿相信他们关注的红人，也不愿浪费太多的精力自己挑选。红人就像用户身边喜欢分享的朋友，通过人格化魅力为粉丝们展示某个领域的产品并提供指导，而粉丝们通过不断的互动对红人产生信任，并形成很高的忠诚度。

总之，内容型红人是通过自己的内容吸引粉丝的关注并获得信任，因此对内容的专业度要求比较高。电商型红人则是通过个人的魅力来吸引粉丝，可以通过分享日常的衣食住行与粉丝互动，因此电商型红人与粉丝建立信任感的渠道比较多元，对粉丝的影响也是潜移默化的，比较深远。

但是，随着抖音等短视频平台的不断发展，内容时长和精美度要求降低，账号的人格化特征愈发凸显，且抖音商铺橱窗的推出使美妆类红人的电商变现更加简单，因此电商已成为广大美妆红人的重要变现方式。

目前，时尚美妆类内容在抖音上的格局已经基本形成，那如何更好地实现迭代升级呢？

1. 内容进一步细分下沉

当视频内容做到一定阶段后，接下来就必须细分下沉。美妆的范围非常宽泛，包括护肤、化妆、美容等多个领域，每个领域又可以继续向下延展，如护肤还可以分为保湿、美白等各个类目。

2. 差异化竞争，强化优势

抖音视频种类繁多、质量参差不齐，用户经常处于信息爆炸、注意力缺失的场景里，因此只有具有鲜明的人物形象和内容特色，才能让用户产生有效的记忆。例如，美妆达人“呗呗兔_”为了区别于其他同类账号，采用了天津方言这一表达形式。

3. 读懂数据，及时做调整

在大数据时代，不管是内容方向还是运营方案，一切都可以用数据来验证。利用飞瓜数据等专业平台，可以了解账号背后的众多数据情况，如播放量、评论数、点赞量、用户画像等。只有根据数据反映出来的问题进行分析和优化，才能保证优质内容的输出。

最后，想告诫大家的是，在这个瞬息万变的时代，每个行业都没有完全通用的规则，只有及时跟进市场变化，关注用户需求，主动迭代升级，才能立于不败之地。

抖音，为服装生意带来新的可能

在目前入局淘宝电商极难、电商流量极贵的情况下，连服装这样具有大众基础的大类目，做起来也并非一件易事。按照传统方法入局服装行业已经完全不可能，然而抖音这个新的流量入口给电商从业者带来了新的可能。

2017 年，晨妍还是一个普通的淘宝模特，专门为淘宝店、品牌商和服装厂拍摄照片，而 2018 年，晨妍成了自己的老板，只不过她的主要战场已经转移到了抖音上。仅用 8 个月的时间，依靠抖音的宣传和引流，“晨妍的小讨喜”淘宝店从一个没有销量的新店，转变为销售额破千万的皇冠店。

第一次使晨妍产生涉足电商的念头，是缘于抖音上的一条视频。视频里晨妍身穿一件白色上衣，下穿一条紫色运动裤，在街上随意地行走。结果，这条视频竟意外走红，而且评论里很多人都在问衣服怎么买、求链接。

后来，经过 10 天左右的准备，晨妍在抖音上发布了一个关于新款秋季打底衫的视频，视频里带着淘宝店的详情链接，喜欢这款衣服的用户可以直接下单。让晨妍吃惊的是，仅仅第一天，视频就获得了 14.8 万的点赞。

在评论区，晨妍更能感受到用户们对购物的巨大热情，这更加坚定了她要好好利用抖音，与淘宝形成有效配合的决心。经过一段时间的经营，晨妍发现，爆发销售潜力的单品往往不是复杂、精致和充满艺术设计的，而是要百搭。如果在视频里展示的裤子可以搭配不同的上衣，那这条裤子一定会有不错的销量。经过不断的探索，晨妍将店里服装市场款与定制款的比例调整为 7 ∶ 3，使供销基本达到了平衡。

当然，独自创业并非一帆风顺。虽然有的衣服看似漂亮、款式新颖，但是却起球、缩水，敌不过洗衣机的洗礼。而且由于订单数量过大，咨询回复不及时和发货延迟导致了大量退单，处理这些问题几乎占用了晨妍所有的时间。

在这种情况下，晨妍组建了自己的团队，招聘了视频、美工、运营、仓储、客服、文案等各类专业人员，使各项工作有条不紊地完善起来。这样，在 2018 年“双 11”当天，晨妍的淘宝店单款交易量破万件，整体销售额达 360 万元；而“双 12”当天，爆款单品的销售额高达 107 万元，整体销售额近 440 万元。

那么，对于打算利用抖音销售服装的电商从业者，要注意哪些方面呢？

1. 重视视频内容的质量

我们知道，既然选择了抖音做引流平台，那就要尊重抖音的运营规则。由于抖音是一个内容平台，所以视频内容质量应放在第一位。只有生产出让用户感兴趣的视频内容，才能带来后面的转化。

2. 紧跟服装潮流

服装在每年每季都会有流行新款，服装类电商一定要关注流行趋势，及时更新产品，这样才能吸引更多用户。

3. 服装风格要与达人气质相符

选择流行款式并不是说要一味地去追潮流，因为每个达人都有自己的风格气质，如有的是时尚职场范儿，有的是文艺小清新，还有的是运动青春型。所以，在视频里展现的服装一定要与达人的气质一致。

4. 成套穿搭效果更好

成套展示不仅给粉丝们展现了平时如何穿搭，而且可以同时带火好几件商品。很多被抖音带动消费的都属于冲动消费，一套完美的穿搭更有吸引粉丝消费的魔力。

5. 做好品控管理

服装类产品的质量尤其重要，因此在选品时不能单看款式风格，更要注重衣服的品质。只有款式和品质都过关，才能赢得粉丝们的长期追随。

知识付费已成为一种流行

时间短、易传播、信息量大是短视频的重要特点，在这个注意力极度缺乏的时代，各个行业利用短视频开展了更为高效的营销玩法。但是，更多的玩家是将短视频作为一种流量入口，然后将通过内容吸引来的粉丝沉淀到相应的产品和服务中，最终实现转化和变现。文化教育行业也可以用这种方式，通过知识类短视频引流和变现。

我们在抖音上常见的知识类短视频有生活科普、教育培训、技能教学三个类型，目前广告植入、电商、内容付费和导流到终端服务是这类账号的主要变现手段。

下面我们针对这三个类型的内容做一个详细的分析。

1. 生活科普类

既有知识的专业性，又具备生活的实用性，是生活科普类短视频的重要特点。这类短视频形式简短，适合碎片化的观看场景，具有广泛的受众群体和良好的传播效果。具体来说，生活科普类短视频有以下优点：

（1）内容比较生活化。生活科普类短视频的内容都是围绕生活话题展开的，能满足用户的实用性需求，容易引起大众的观看兴趣。例如，“老爸评测”就是将其多年的工作经验运用到生活之中，对化妆品、护肤品、食品等生活中常见的物品进行测评，受到了很多用户的喜欢。

（2）用户门槛低。这类短视频的特点是对生活中的某些现象和问题给出通俗而专业的解释。因为所涉及的生活场景都是人们熟悉的，所以大大降低了用户的接受门槛，受众的范围比较广。例如，“柴知道”就是用直白易懂的动画模式为大家科普知识，用户们也乐于接受。

2. 教育培训类

在这个强调终身学习的年代，教育培训贯穿人的一生，无论是基础教育、高等教育时期，还是出国、晋升等各个阶段，都需要学习。尤其是对于中考、高考、考研这种比较重要的考试，人们都非常重视。因此，很多教育培训机构与短视频相结合，将用户吸引到终端产品和服务上，进行线上或线下培训。

教育培训机构借助短视频导流有以下几种优势：

（1）更有传播效率。相比传统的营销手段，利用短视频营销会更高效。一是传播速度更快，二是传播范围更广，而且无时间、地点限制。

（2）形式多，互动性更强。短视频的场景化特点使教学内容更生动形象，有更大的创意空间，内容的表现形式更多，与用户的连接更加紧密。

（3）对用户有更深的理解。借助某些数据工具，可以对粉丝进行更加细致的分析，如兴趣、年龄、社会属性等，从而有针对性地对内容做出改进。

3. 技能教学类

对于某个垂直领域的人员或职场人士来说，一些如 PPT、PS 工具类的教学视频就很有价值。另外，在某些细分行业，如宠物饲养、收纳、创业、商业知识等方面，也涌现出了很多的内容生产者。

归纳起来，知识付费类内容的盈利模式如下：

（1）植入广告。生活科普类视频的内容取材于生活，内容就是终端产品本身，所以几乎每期主题都可以植入广告。例如，在做护肤产品的测评时，就可以植入护肤品的相关品牌。因此，这类账号变现十分容易。

（2）做电商。利用短视频内容为店铺导流，也是一种变现方式。例如，“老爸测评”就是在内容中植入商品橱窗，从而实现引流的目的；某些宠物类教学账号也会在视频里加入某些驯狗产品的链接。

（3）内容付费。即利用短视频吸引粉丝流量，然后把粉丝沉淀到相应的平台，进行相应的转化。例如，可以先利用短视频进行一个简单的讲解或引入，然后将粉丝引导到内容付费平台上，使其购买相对系统的课程。

（4）为终端服务导流。一些教育培训机构就是以短视频作为营销手段，将粉丝吸引到线下的培训班，实现变现的目的。例如，一些考研、考公务员的培训机构利用短视频营销提高影响力，让粉丝产生信任，从而将其吸引到线下的培训班进行付费。

综上所述，生活科普类的短视频兼具专业性和趣味性，变现方式比较多，相对来说发展比较成熟；教育培训类的短视频只是一种营销手段，不是主要的变现来源，风险较小，方式也比较单一；技能教学类的短视频目前比较杂乱，没有独特的风格，只有相关垂直领域的变现能力较强，还有比较大的发展空间。

爆笑治愈，抓住爆发的萌宠经济

如今最大的宠物秀场是在抖音里。伴随着抖音的走红，众多宠物也崭露头角，一只只萌宠迅速成为全民明星。可以说，抖音给了每一个养宠物的素人一次成名的机会。

相比靠颜值和才艺走红的达人来说，萌宠类账号成名更为容易。这类账号不需要有太突出的才艺，只要能善于发现和捕捉日常生活中宠物可爱的瞬间，就能吸引大量的粉丝。

无论是“会说话的刘二豆”“尿尿是只猫”，还是“赵拉斯吃二狗”“轮胎粑粑”等账号，都各具特色，在抖音上拥有非常高的人气。这些账号有的以拟人化的内容为主，宠物具备独立的人格，通过故事、剧情的形式来展现；有的记录人和宠物日常相处的内容，将宠物的精彩瞬间上传到抖音上；还有的通过讲解专业的宠物饲养知识来吸引粉丝，进而引流变现。

总体来说，宠物类账号主要有以下三种形式：

（1）利用情绪价值吸引用户。这类账号主要是发布剧情、搞笑、整蛊类视频。

（2）利用有用的知识吸引用户。这种账号以知识讲解、产品测评等专业知识为主。

（3）利用真实的视角吸引用户。这类账号属于记录类 vlog（视频博客）内容。

从目前的市场来看，抖音上大部分宠物类账号比较偏向娱乐化，行业从业人士的原创类内容产出较少，未来仍有很大的增长空间，如宠物医学、营养、美容等。如果自身是开宠物医院或是驯狗机构的，那么可以分享一些专业的知识，并将机构里一些有趣的日常分享到抖音，尤其是针对本地服务的机构，还可以打上位置标志，进行引流和变现。

那么，目前宠物类账号还好做吗？如何入局呢？

首先你要明白身处什么阶段、自己的定位是什么、你要为用户带来什么样的价值，如果自己不是很清楚，可以按照下面这个思路去分析：①如果目前的阶段是蓝海市场，那么可以先了解一下在这个平台上，垂直领域里头部和腰部账号的情况；②研究一下红海领域的行业，如美食、美妆、服装等，进行跨品类的对标，搭建出自己的内容框架；③回归本行业，找出差异化。

假如你现在想做宠物类的账号，但是目前抖音上头部账号的格局已经形成，那你有没有其他创新的形式呢？目前的宠物类账号里还缺哪种类型呢？如果还不知道有哪种创新方式，那么可以研究一下美食、美妆等成熟的账号品类，看看哪种新颖的方式可以嫁接到自己想做的方向上，然后回归到宠物领域，做出差异化的定位和内容。

下面是一个公式，你可以根据自己的需求进行组合或拆解，从而定位自己的账号。

				技术流
		美容		测评
		服装		剧情
宠物	+	玩具	+	vlog
		喂养		场景
		健康		人设
		……		搞笑
				知识

另外，在生产内容时还要注意人设、品类、视觉和剪辑形式的组合，让视频更具可看性。

对于一个新兴的平台而言，往往上半场是用户红利，而到了下半场就是原创力和变现力的比拼。现在看来，宠物类账号存在的变现机会包括以下几个。

1. 电商变现

抖音上大部分的宠物类账号都已经开通淘宝商品通道，电商是其变现的重要途径。像“金毛蛋黄”和“轮胎粑粑”都是有淘宝店的，利用视频内容导流到电商平台是其最主要的变现模式。

2. 流量变现

一些专业性机构，如宠物行业平台、实体店等，可以利用抖音短视频积累粉丝，然后将其吸引到自己的平台或线下进行消费。例如，“毛小豆宠物美容”的账号主体是一家宠物店 + 宠物学校，该账号就是利用内容吸引粉丝，然后通过添加微信建立信任关系，引导粉丝进行线下消费。

3. 广告变现

广告变现是抖音中比较常见的变现模式。例如，一些宠物大号在展现为宠物操碎心买了一堆零食时，就可以植入零食的广告；在给萌宠洗澡时，就可以植入沐浴液的广告。这种形式比较简单常见，可以用于很多场景。

4. 知识付费变现

该模式主要用于为养宠物的人提供比较专业的知识服务，甚至可以提供线上课程或组建付费社群，为其提供知识福利。

总之，宠物类账号相对其他类型的账号来说还是比较好做的，只要根据自家的宠物做好定位，善于抓取宠物在生活中的精彩瞬间，再有一定的拍摄剪辑技巧，就很容易将账号做起来。其实，宠物类账号除了要有一只本身具备明星气质的宠物外，归根结底还是要有一位聪明能干的主人。可爱的宠物背后，是主人的运营思维和能力。

美食、餐饮，火一时不是目的

抖音带火了海底捞吃法，捧红了南京锅贴，振兴了西安永兴坊特色美食商业街。此外，答案茶、土耳其冰激凌、西贝莜面村等众多的品牌和商家因为抖音的宣传，引得粉丝们纷纷去打卡。目前，在抖音上比较火的美食类账号主要分为教程类、测评类和体验类三种。

1. 教程类

教程类主要针对的是家庭主妇或喜欢做饭的人，主要内容就是如何分步骤做出色香味俱全的美食。这类账号拍出的食物卖相一定要好，而且要简单易操作。由于同类账号比较多，因此有一个辨识度高的名字就十分关键。另外，像李子柒的视频里那种讲究天然、原生态的内容也非常吸引用户。

2. 测评类

抖音上还有一些账号是针对零食或方便美食进行测评，主要粉丝群体是白领或学生。由于他们做饭的机会比较少，所以会比较关注这些食品。这类账号一般通过植入广告或抖音商品橱窗来变现。

3. 体验类

例如，一个叫“南京攻略”的账号每天发布南京的美食，也发一些美食攻略，如一百块如何吃垮宜家等。除此以外，一些用户或店家主动发布的某款产品、某个小店也有一炮走红的情况。

由于抖音上的用户大多比较年轻，这就决定了抖音上的内容要新鲜有趣、紧随潮流。尤其是一些线下店铺的推广，最好有高颜值的产品、环境和 KOL，给人以视觉冲击，从而激起年轻人传播的欲望。

除了上面提到的几种类型外，还有以官方身份入驻抖音的餐饮品牌，一般这类账号都是为了宣传和营销，如海底捞、西贝莜面村的官方账号等。

下面我们详细讲一下餐饮品牌如何利用抖音做营销。

（1）与其花钱让人来拍，不如先研发好产品，让人主动来拍。就像海底捞吃法一样，并不是海底捞自己做的宣传，而是顾客随手一拍而带火的。

（2）提炼好产品的卖点，充分告诉顾客你的菜到底好在哪里，与别人有什么不同。另外，餐厅里要有专门运营抖音的人员，要善于发现、拍摄并维护运营。

（3）注意多参与抖音上的热门活动、挑战赛，有效利用 POI（Point of Interest，兴趣点）、DOU+、购物车、快闪店、卡券等功能。

（4）打造 IP，包装餐饮品牌人物。无论是以创始人为品牌人物，还是包装店里的网红店员，人物形象的定位一定要清晰，要与店里的品牌形象相一致。

（5）制造传播热点、植入创意广告、找 KOL 合作都是餐饮品牌的常用方法，而且在抖音上屡试不爽。

经过调查发现，虽然很多餐厅可以通过抖音火爆一时，但是却很难持续下去，主要的原因在于以下三个方面：

（1）产品同质化严重。有些餐厅花重金请网红在抖音上做宣传，顾客们纷纷前来，却发现食物并不好吃，也没有特色，因此这样的店并不会长久火下去。

（2）产品力不足。商家研发新产品的能力跟不上，导致无法长久地吸引顾客。像喜茶之所以能这么火，就是因为一年能研发上百种新产品，然后挑选最好的上市，并对产品质量严格把关。

（3）覆盖范围有限。有研究显示，到门店进行消费的主要是 3 千米以内的群体，如果距离店址太远，除非产品有非常强的吸引力，否则在有同类选择的情况下，顾客未必会来。

那么，我们应该如何避免这些问题呢？

（1）要有持续的消费价值。有些产品还没有打造成熟就开始上市营销，导致后劲不足，没红三五天就歇菜。例如，泡面小食堂、答案茶都是因为没有持续输出的消费价值，在价格、服务或扩张上出现问题，最后速生速死。所以，餐饮品牌在准备营销之前，一定要打造好一个成熟的产品，而且产品要能经得住消费者和时间的考验。

（2）运营能力要跟上。在抖音上爆红一时的品牌，在短时间内会迅速得到扩张，但是快速扩张未必是好事，因为如果供应链管控、店员培训、店铺运营能力跟不上，就会导致资金链断裂、服务质量出现问题。

现在越来越多的网红店以营销为导向，虽然一时会提升品牌价值，带来更多的粉丝和顾客，但是引来的顾客却留不住。所以，品牌方要做好充分的后方支持，不能见一个产品销量好或一家餐厅经营得好就迅速扩张，在扩张之前一定要配套相应的服务、供应链、资金和运营能力。

（3）内容要持续稳定更新，做好互动。在抖音上越是稳定更新的账号越容易出现爆款，日更和非日更的账号出现走红视频的频率差距很大。抖音的马太效应尤其突出，越是稳定更新的头部账号，涨粉速度越快。如果新账号在初期没有一定的助推力，则很难成长为优质的大号。

因此，餐饮类账号一定要保证持续稳定的更新，定点发布视频，保证一定的内容产量，培养粉丝定时观看的习惯。另外，品牌方要多与用户在评论区互动，这样做既能有效涨粉，又能吸引粉丝去消费。

母婴、亲子市场，90后父母正在崛起

2018年，抖音上的亲子类内容火爆发展。据今日头条商业化营销中心高级策略总监朱悦称：“今日头条作为综合信息平台，母婴类内容阅读量1个月超过24亿，对母婴内容有深度互动的母婴兴趣人群超过5500万。而抖音作为近两年的互联网黑马，增长快速，每天日活量超过2.5亿。用户拥有高活跃、高频次、高黏性特性。2018年抖音母婴类内容呈爆炸式增长，母婴类视频播放量增长1300倍，母婴达人视频播放量超过2000亿，评论超过3亿条，点赞超过70亿，抖音已初步形成母婴行业达人生态圈。”

同时，朱悦还指出，现在大部分90后已经为人父母，抖音上已有一半多的90后父母加入育儿类话题讨论。由于抖音的推荐机制，亲子类的内容被精准地推送给了感兴趣的人群。另外，在抖音鼓励原创内容的情况下，抖音上产生了一批优秀的创作者。目前，抖音上的亲子类达人已经超过500位。

新生代的90后父母在养育孩子这件事上仍旧是新手，他们希望能与达人进行更多的互动，而不仅限于观看视频内容。截至2018年12月，在抖音平台上的母婴达人中，有94%是素人妈妈，其中83%通过分享育儿心得和晒娃来积累粉丝。这表明，平台上还是缺少专业类的品牌和机构为用户分享更加专业的备孕、母乳和育儿方面的内容。因此，对于母婴品牌来说，这也是一个好的机遇。

那么，母婴品牌如何在抖音上突围，做好营销呢？

1. 关于流量和创作

抖音的算法机制和分发逻辑能在后台将用户的标签打通，为品牌方匹配更加精准的用户和流量。品牌方应利用自己的优势，生产出令用户感兴趣的内容，从而吸引用户。品牌方还可以利用抖音的星图功能，从后台获知这个领域的达人，从而与达人形成有效合作。

2. 关于互动

抖音上挑战赛的功能，使母婴领域的互动有了新的模式。身为父母，喜欢晒娃是他们的本性，因此他们参加互动挑战的意愿也更高。相比其他类型的挑战赛，母婴类内容的相关性和纯度更高，如美赞臣在抖音上发起的“都怪宝宝太聪明”的挑战赛，就激发了用户们的创作热情，总体播放量超过1100万，吸引了19.4万人参与。

挑战赛的形式可以使品牌更容易融合品牌信息、产品信息，以及用户的生活信息，从而使品牌、产品和用户形成共鸣，增加用户对品牌的认知。

3. 关于运营

母婴品牌方应在抖音上打造蓝 V 阵地，在创作有价值的内容的同时宣传品牌，与粉丝进行更多的互动。

另外，抖音上的用户更年轻、活跃和主动，会主动咨询产品和如何购买等信息，这就拉近了品牌和用户之间的距离，更能促进产品的转化。

那么，母婴品牌方在运营抖音时要注意什么呢?

（1）内容要兼具实用性和趣味性。抖音是短视频平台，内容短，信息密度大，爆发力强。品牌方在生产内容时要注意趣味性，毕竟只有用户感兴趣了才会进一步关注；同时要注重实用性，毕竟此类账号的用户是想从中获得更多的价值。

（2）与用户平等交流，多做互动。品牌方在发布内容时不要太官方，要站在用户的角度，与用户平等交流，多做互动。

（3）先养号吸引粉丝，再转化。在运营账号期间，不要急于求成，要慢慢累积用户，与用户保持良好的互动，逐渐让其对品牌产生信任感，从而促成后期的转化。

做好企业蓝 V，变现不是难题

2018 年 6 月 1 日，抖音全面开放了对企业蓝 V 的认证。与个人账号相比，抖音对企业蓝 V 在内容发布、用户互动、营销组建上有更多的支持。

目前，从账号数量来看，企业号主要集中在文化娱乐、生活服务和服装配饰三个行业；从运营效果来看，主要集中在文化娱乐、游戏、3C数码、食品饮料、IT/互联网五个行业。在运营的企业号中，其主体多为员工等素人，内容表现效果较好的多为搞笑、段子和情景剧互动的形式。

企业既然申请了蓝V认证，就一定要对这件事有所重视，而不是申请认证之后任其随意发展。那么，企业蓝V在运营上有什么需要注意的地方呢？

1. 企业最好配备专业人员负责

要想做好企业蓝V，绝不是随便找一个人就能搞定，企业最好配备专业的团队，既生产好的内容，又做好相应的运营工作，从而使企业品牌和产品的宣传作用最大化。有专业人才、专业分工才能把企业号做好，因此应将能胜任此类工作的人才安排在恰当的位置，并给其发挥的自由。如果企业暂时没有这样的人才，那么可以找相应的专业机构合作。

2. 做好视频内容，把握发布节奏

关于运营企业蓝V，抖音官方曾总结出一套“3H+3S”的方法论。

3H代表热点型内容（Hotspot）、标签型内容（Hashtag）、广告型内容（Headline）。热点型内容紧跟平台热门，注重内容的新鲜度和活跃感。因此，企业在规划内容时，应给出足够灵活的操作空间。标签型内容属于自我打造的具有主题性的内容或活动，比较注重内容风格和系列化。因此，企业可以根据自身的具体情况，按照季度或月份来长期规划内容，以保证账号内容的稳定输出。广告型内容属于在某个关键节点发布的营销类内容，比较注重内容的优质度和独家性。因此，可以与企

业的关键节点相结合，集中投放，这样有利于在短期内扩大企业的影响力。

3S 则代表信息点突出（Stress）、低成本理解（Simple）、易用户参与（Simulate）。企业蓝 V 内容的生产人员应明白，在一个十几秒最多一分钟的短视频里，传达太多的内容是不现实的。因此，在制作视频时不用刻意强调品牌故事，而是要把产品的卖点具体表现出来。而且在短短几十秒的视频里，用户不可能一下子记住那么多东西，所以在形式和表达方式上一定要简单直接。另外，UGC（用户生成内容）参与二次创作，能为企业带来更多的曝光，所以视频应尽量具备可互动、易模仿的特点。

3. 结合产品，最大限度吸引粉丝

企业账号发布的内容最好与产品相结合，最大限度地展现产品的卖点，刺激粉丝的购买欲望。具体可以利用的方法有：

（1）新颖好玩的产品，直接展现。假如一些产品本身很新颖好玩，有很强的话题性，那就直接展现出来。例如，平时人们吃火锅时总要用筷子或漏勺去捞里面的食物，而有一款火锅产品能自动把里面的食物过滤出来。像这种十分具有新意的产品，直接展现出来即可。

（2）从周边产品入手，侧面呈现。如果自家产品比较一般，可以尝试利用周边产品做文章，如产品的包装或呈现形式等。大连有一家比萨店就是利用这种方式，将比萨完全还原到菜单上，让人看到菜单就忍不住想吃，于是大大增加了人们的下单量。

（3）挖掘产品的用途，做好产品延伸。在展示产品时，可以利用它最大的特点，夸张地将其表现出来，从而给人们留下深刻的印象。例如，为了表现宝马 GT 空间大的物点，销售员居然将 12 个人藏在了车里。这个卖点非常吸引人，也很容易引起用户参与。

（4）关注重点，夸张呈现。在挖掘产品卖点时，可以思考一下它有没有跨界用途，如用饮水机涮火锅，跨界的思维往往让营销产生意想不到的效果。

（5）融入场景，植入产品。在拍摄视频时，可以将产品融入某个场景里，然后不经意地展示或带入产品。例如，点外卖或拍照时用到的手机，想喝东西时顺手拿起的饮料，这种方式在很多视频里都很常见。

（6）侧面展现，突出产品火爆程度。有些产品好，未必需要直接表达出来，可以从侧面来展现，如消费者排长队、预约电话被打爆等。通过侧面来展现产品的火爆程度，既能降低用户对商家太过直白的营销目的的反感，又能制造紧张的气氛，让用户更快下单。

（7）曝光企业日常，传达企业理念。人们在购买企业的某些产品时，不仅会关注企业的产品质量和服务水平，还会对其文化感兴趣。如果将办公室里一些有意思或美好的日常展现出来，则更容易吸引粉丝。

4. 运营抖音企业号的六大招

前面我们重点介绍了围绕产品开展营销的几个方法，其实除了挖掘产品卖点之外，还可以从以下六个方面入手。

第一招：使用标签。

企业可以打造系列主题内容，让用户对品牌形成标签化的认知。另外，抖音上经常会有各种热门标签，如“谁说国画不抖音”“送你一张动态壁纸”“高考加油！我等你来”等。奥迪汽车和小米手机就利用标签推出了一系列短视频内容，加深了用户对产品的认知。

第二招：多利用热点。

企业结合热门的话题、玩法和音乐，选择适合的方式来产出内容，可以起到事半功倍的效果。

第三招：邀请达人。

邀请达人是很常用的品牌宣传法，很多企业如支付宝都邀请达人参与内容创作。具体方式可以是通过达人展示产品，也可以是发起挑战邀请达人参与，或者是线下举办活动与达人一起拍摄抖音。

第四招：巧妙利用音乐。

众所周知，抖音上一个视频的火爆离不开合适的背景音乐，企业同样可以利用玩音乐的方式来参与内容创作。例如，宝骏汽车就是利用《刚刚好》这个音乐，推出了《宝骏 360 真的刚刚好》，而且其视频里是一只正在跳舞的马，形象地演绎了宝骏汽车的 LOGO。

第五招：利用特效。

利用特效可以使视频展现出非凡的效果，不仅广大网友，企业也要善于利用这种形式。

第六招：制造仪式感。

现在人们都在倡导“生活需要仪式感”，对于产品来说也是如此。企业最好为产品创造一些仪式感，这些仪式感要与产品的符号、调性一致，同时适合在抖音上传播。

后记：

打造新视听时代商业新生态

“记录美好生活”——抖音凭借这样的品牌定位，迅速吸引并捧红了不同领域的网红、达人，使他们持续产出生动有趣、富有创意的内容，吸引广大普通用户利用碎片时间去观看，并催生了众多与生活密切关联的场景营销商机。

很多人由此感慨，自己上班又苦又累还不自由，既然在抖音上成名这么容易，是不是也应该抓住机遇，赶紧做短视频呢？

答案茶、coco 奶茶在抖音上说火就火，海底捞、西贝莜面村因为在抖音上的曝光天天爆满，于是不少店家摩拳擦掌，也在考虑加入抖音。

广大品牌商也感慨，错过了 2011 年的微博、2013 年的微信，如今恰逢抖音红利，如果不抓住机遇，恐怕再也没有机会了。

在这个时代，人人都想做红人，人人都想做抖音。

确实，相比微博、微信，抖音视频只有短短几十秒，确实更碎片化、直观化，故事性的内容更容易引起粉丝的共鸣和互动。

有人认为，抖音虽然是一个流行的现象级产品，但是内容简单直接，而且操作简便，只要研究好玩法，做起来十分容易。况且很多内容都是模仿搬运，不会原创内容的人直接模仿爆款内容，想红也不是不可能的事。

表面上看起来，抖音的门槛不高，但真的要把抖音玩好其实并不容易。不少朋友反馈，虽然听了不少课，学费也交了不少，但粉丝就是涨不起来，更别说变现了。

基于上述现实，笔者结合为社会提供抖音全效运营服务的经验和教训，写了这本书，旨在分享我们的体会，希望广大读者能够快速提升抖音运营能力。

当前，基于人工智能分发基础的直播短视频勃兴，人类社会开始迈入新视听时代。随着5G通信技术的普及，视频社交、视频电商、视频教育的趋势会进一步明朗。无论是独立的个体，还是团队化的机构，都应该积极拥抱这种变化。5G时代带来了传播的变革，视频会进一步变薄，薄得就像一张纸。视频将成为人与人交流的基础信息符号载体，会对社会认知方式、决策方式，以及科技赋能产生重大影响。

在写作与出版本书的过程中，笔者得到了不少人的帮助与支持，在此表示感谢，包括但不限于：

感谢张利英，是她的鼓励和督促才促成了这本书的出版。

感谢浙江传媒学院宣裕方、杨荣耀、徐凤兰、赵月峰、赵礼寿、陈珂、张玲玲、贾祥敏、严晓蓉、杨吉、宋哲、洪长晖、姜晓卿、钱翁康、王琳、庄诗琴等领导和老师。

感谢我的研究生李墨涵、孙振凯、王皓等。

特别感谢与我共同奋斗的王黎、杨佐、王建业、郑卫青、吴波、黄天泽、李易宣、王建波、吴友灯、李张奇、程亮、徐泽海、李佳瑶、吴粒宝、张迪、冯小飞等，是他们与我共同组建了娱未新视听创业团队。

当然，也要感谢李新梅、彭寅驷、牛鲲鹏、季风、毕研奎、丛慧强、李依婷、王帅等多位曾在娱未新视听工作过的小伙伴。

在5G时代，视频大行其道，需要我们去创造内容、培养人才，通过制度创新、规则创新，拥抱一个新的市场机会。未来已来，让我们携起手来，为构建新视听时代的商业新生态贡献我们的智慧和力量！

李新祥

2019年6月16日于杭州